Christoph Hein   Öffentlich a

Christoph Hein
Öffentlich arbeiten

Essais und Gespräche

Aufbau-Verlag

Lorbeerwald und Kartoffelacker
Vorlesung über einen Satz Heinrich Heines

In dem Vorwort zu seiner Lutetia schreibt Heine: „Dieses Geständnis, daß den Kommunisten die Zukunft gehört, machte ich im Tone der größten Angst und Besorgnis, und ach! das war keineswegs eine Maske! In der Tat, nur mit Grauen und Schrecken denke ich an die Zeit, wo jene dunklen Bilderstürmer zur Herrschaft gelangen werden: mit ihren rohen Fäusten zerschlagen sie alsdann erbarmungslos alle Marmorbilder der Schönheit, die meinem Herzen so teuer sind; sie zertrümmern alle jene Spielzeuge und phantastischen Schnurrpfeifereien der Kunst, die dem Poeten so lieb waren; sie hacken mir meine Lorbeerwälder um und pflanzen darauf Kartoffeln; die Lilien, welche nicht spannen und arbeiteten und doch so schön gekleidet waren wie König Salomon in all seinem Glanz, werden ausgerauft aus dem Boden der Gesellschaft, wenn sie nicht etwa zur Spindel greifen wollen; den Rosen, den müßigen Nachtigallbräuten, geht es nicht besser; die Nachtigallen, die unnützen Sänger, werden fortgejagt, und ach! mein Buch der Lieder wird der Krautkrämer zu Tüten verwenden, um Kaffee oder Schnupftabak darin zu schütten für die alten Weiber der Zukunft. Ach! das sehe ich alles voraus, und eine unsägliche Betrübnis ergreift mich, wenn ich an den Untergang denke, womit das siegreiche Proletariat meine Gedichte bedroht,

5

die mit der ganzen alten romantischen Weltordnung vergehen werden. Und dennoch, ich gestehe es freimütig, übt ebendieser Kommunismus, so feindlich er allen meinen Interessen und Neigungen ist, auf mein Gemüt einen Zauber, dessen ich mich nicht erwehren kann; in meiner Brust sprechen zwei Stimmen zu seinen Gunsten, zwei Stimmen, die sich nicht zum Schweigen bringen lassen, die vielleicht nur diabolische Einflüsterungen sind — aber ich bin nun einmal davon besessen, und keine exorzierende Gewalt kann sie bezwingen.

Denn die erste dieser Stimmen ist die der Logik. ‚Der Teufel ist ein Logiker!' sagt Dante. Ein schrecklicher Syllogismus behext mich, und kann ich der Prämisse nicht widersprechen: ‚daß alle Menschen das Recht haben zu essen', so muß ich mich auch allen Folgerungen fügen. Wenn ich daran denke, so laufe ich Gefahr, den Verstand zu verlieren, alle Dämonen der Wahrheit tanzen triumphierend um mich her, und am Ende ergreift eine verzweiflungsvolle Großmut mein Herz, wo ich ausrufe: Sie ist seit langem gerichtet, verurteilt, diese alte Gesellschaft. Mag geschehen, was recht ist! Mag sie zerbrochen werden, diese alte Welt, wo die Unschuld zugrunde ging, wo die Selbstsucht gedieh, wo der Mensch vom Menschen ausgebeutet wurde! Mögen sie vollständig zerstört werden, diese übertünchten Gräber, in denen die Lüge und die Ungerechtigkeit hausten! Und gesegnet sei der Krautkrämer, der einst aus meinen Gedichten Tüten verfertigt, worin er Kaffee und Schnupftabak schüttet für die armen alten Mütterchen, die in unsrer heutigen Welt der Ungerechtigkeit vielleicht eine solche Labung entbehren mußten — fiat justitia, pereat mundus!

Die zweite der beiden zwingenden Stimmen, die mich behexen, ist noch gewaltiger und noch infernalischer als die erste, denn sie ist die des Hasses, des Hasses, den ich einer Partei widme, deren furchtbarster Gegner der Kommunismus und die aus diesem Grunde unser gemeinsamer Feind ist. Ich rede von der Partei der sogenannten Vertreter der Nationalität in Deutschland, von jenen falschen Patrioten, deren Vaterlandsliebe nur in einem blödsinnigen Widerwillen gegen das Ausland und die Nachbarvölker besteht und die namentlich gegen Frankreich täglich ihre Galle ausgießen."

Soweit Heinrich Heine in seinem Vorwort zur LUTETIA. Zwei gewichtige Grabsteine der alten Ordnung benennt Heine, die ihm die entscheidenden Gewichte für die heraufkommende neue Ordnung sind: den Hunger, den die alten Ordnungen der Gesellschaft nicht beseitigen konnten und nicht wollten, und den Nationalismus, dessen sie bedurften. Diese Steine hängt er frohlockend um den Hals einer Gesellschaft, die er zum Tode verurteilt sieht und deren Untergang er ebenso freudig herbeisehnt wie herbeikommen sieht. Und Heine kennt die Kosten, und er nennt sie vor mehr als einem Jahrhundert auf eine so direkte und mitleidslose Art, daß es uns, den späten Nachfahren des Propheten Heinrich Heine, noch vor Grauen das archaische Nackenhaar sträubt. Er benennt den Preis fast heiter, obgleich dieser Preis alles kostet, was Heine ausmacht, was er ist. Sein Urteil lautet: Die Gerechtigkeit möge siegen (kein Hunger, kein völkerbedrohender, kriegerischer Nationalismus mehr), soll auch alle Poesie darüber zum Teufel gehen. Und seine Prophezeiung verheißt uns: Die alte Gesellschaft wird von den Kommunisten mit einem Fußtritt zertreten, und unter die Füße kommen dabei die Nachtigall und die Lerche, jene, „die nicht spannen und arbeiteten und doch so schön gekleidet waren", die Kunst.

Wir sind es, die Heine anspricht; unsere Gesellschaft ist gemeint, denn bei uns wurde die alte Ordnung beseitigt, um der Gerechtigkeit willen. Wir sehen also, wir haben es hier mit einer Hetzschrift zu tun, einer antikommunistischen Hetzschrift. Die These, daß die Errichtung der Diktatur des Proletariats und die Verwirklichung der Ideale von der Urgesellschaft her über das Christentum bis zur Französischen Revolution gleichbedeutend sei mit kulturellem Stillstand, vollständiger Nivellierung alles Außerordentlichen und das Ende der unnützen, weil nicht errechenbaren Nutzen bringenden Poesie und Kunst, sie ist uns vertraut als eine der Grundthesen des Antikommunismus.

Ein Land, in dem die soziale Revolution vollzogen wurde und dessen Staat sich auch als Wahrer und Hort der Künste versteht, weist solche Angriffe nicht allein verbal zurück, sondern mit Gesetzeskraft. Und ich, ein juristischer Laie, könnte mehrere Artikel unseres Strafgesetzbuches zitieren, gegen die der vorgelesene Heine-Text gröblichst verstößt. Zum Beispiel: § 220, Öffentliche Herabwürdigung („Wer in der Öffentlichkeit die staatlichen Organe oder staatliche Organe, Einrichtungen oder gesellschaftliche Organisationen oder deren Tätigkeit oder Maßnahmen herabwürdigt, wird mit Freiheitsstrafe bis zu drei Jahren oder mit Verurteilung auf Bewährung, Haftstrafe, Geldstrafe oder mit öffentlichem Tadel bestraft. Ebenso wird bestraft, wer Schriften, Gegenstände oder Symbole, die geeignet sind, die staatliche oder öffentliche Ordnung zu beeinträchtigen, das sozialistische Zusammenleben zu stören oder die staatliche oder gesellschaftliche Ordnung verächtlich zu machen, verbreitet oder in sonstiger Weise anderen zugänglich macht").

Dennoch, der Text ist wiederholt gedruckt und verbreitet worden, und wir fragen nach den Gründen. Auszuschließen ist der blinde Zufall, ein Versehen, Sehstörungen im Auge des Gesetzeshüters. Möglich wäre stillschweigende Duldung auf Grund anderer Verdienste des Autors: seine wiederholt geäußerte Neigung zum Kommunismus; seine bekannten Beziehungen zu nicht unwesentlichen Vertretern der marxistischen Bewegung; gewisse brauchbare Schriften, denn Heine ist nicht nur der Autor des BUCHES DER LIEDER, sondern auch Verfasser ˙sozialer, ja, sozialistischer Kampfschriften und -gedichte. Aber auch dies liefert keine hinreichende Begründung, da in solchem Fall dem das Gesetz schützenden Beamten das Prinzip der Selektion zur Verfügung steht, die bequeme und häufig genutzte Möglichkeit der Auswahl. So stehen wir als gute Staatsbürger schutzlos vor diesen Inkriminierungen und ahnen, daß der ungehinderte Druck und die fortgesetzte Verbreitung dieses Heine-Textes uns vor eine Aufgabe stellt: den Aufsatz zu lesen, zu bedenken und ihn und uns zu prüfen.

Verlangt wird da nichts weniger als die Überprüfung aller uns heiligen Werte, auf daß sie uns nicht zu Götzen werden. Götzen, wir wissen es, bedürfen nur des Glaubens und der Anbetung, also der Unterwerfung. Überprüfen aber heißt: kritisch werten und in Kenntnis der Dinge. Sachkenntnis und Kritik also, zwei schwer zu vereinbarende Angelegenheiten. Kritik ungetrübt von Sachkenntnis ist immer ergiebiger und bravouröser. Ist der Kopf nicht belastet, läßt es sich fröhlicher dreinschlagen. Und Sachkenntnis setzt ein Kennenlernen voraus; kennenlernen aber heißt verstehen, heißt auch, sich selbst verstehen, und wer vermag dann noch zu kritisieren. Unter dem aber ist Kritik, wirkliche Kritik, nicht zu haben, denn alle Kritik, will sie nicht banal, dumm oder nur äußerlich sein, ist zuletzt immer Selbstkritik. Ich bin das Maß, mit dem ich messe; ich bin es, der da verglichen, bewertet wird, wenn ich vergleiche und bewerte; jede Messung erfordert, zuerst das Maß zu prüfen.

Sie sind beschäftigt mit dem Studium der Germanistik, was nicht nur, was aber auch nicht nur unter anderem das genauere Kennenlernen wichtiger Texte der Literatur bedeutet. Vorausgesetzt, daß Sie dazu bereit sind, werden Sie hier mit einem Instrumentarium ausgerüstet, das Sie befähigen kann, Literatur besser kennenzulernen, sie fast wissenschaftlich zu begreifen — wenn das überhaupt möglich sein kann bei einem so unwissenschaftlichen und regelwidrigen Gegenstand —, um sie zu ergründen, ihren Inhalt, ihre Form, ihren Gehalt und die ihr innewohnende Poesie. Sie werden, da keine Literaturgeschichte ohne Geschichte denkbar ist, die Bindungen und Abhängigkeiten, die modischen Verirrungen und die erstaunlichen Erfindungen, Entdeckungen konkreter literarischer Texte erkennen. Sie werden Literatur dadurch besser verstehen, Literatur wird Ihnen mehr sagen können, denn wie jede Schöne — und Belletristik ist es auch da noch, wo sie schrecklich, erschreckend ist — will sie, daß man sich um sie bemüht. Und wo Ihnen der Atem oder die Kraft dazu ausgehen oder auch nur die Lust, da bleibt Ihnen die Ästhetik, jenes feine Netz voller Knoten, Verstrickungen und Querverbindungen, jener Hanfstrick, mit dem die Literaturwissenschaft noch jeden Poeten in die für ihn reservierte Abteilung hängen konnte.

Literatur und Literaturwissenschaft, zwei so verschiedene Dinge wie Schmetterling und Schmetterlingskunde. Letzteres manifestiert in den großen Glaskästen, in dem all die Tagfalter und Nachtschwärmer, das Pfauenauge und der Admiral wie auch der einfache Kohlweißling, von einer Nadel aufgespießt, verstauben und den trügerischen Eindruck erwecken sollen, sie, die Gekreuzigten, seien das lebendige, blutvolle Abbild der einstmals Lebenden. Welche empfindsame Seele verspürt nicht angesichts der Glaskästen mit den aufgespießten Nichtsnutzen von Schmetterlingen oder der grauen, vielräumigen Gebäude, in denen die Literaturwissenschaftler zu Werke sind, einen leisen, schmerzlichen Nadelstich mitten durch sein Herz?

Aber noch haben Sie uns nicht, noch haben Sie die Zeitgenossen nicht. Dafür fehlt vor allem anderen die Stecknadel, auf der diese neu geschlüpften Flattergeister aufzuspießen sind, die eiserne Klammer des Begriffs, die Ästhetik, mit der der Produktion der Zeitgenossen beizukommen ist. Denn alle Ästhetik — Sie werdens ungern hören — ist nur Ausfluß von Poesie, ist ihr nicht beabsichtigtes, nicht angestrebtes Ergebnis, ist die spätere wissenschaftliche Auf- und Zubereitung. Es gibt keine Ästhetik, die dem Produzenten von Literatur Richtlinien, Hilfestellungen oder Sicherheiten zu geben vermag. Produktion ist allein von gegenwärtiger Geschichte, der Jetztzeit, und der Fantasie, dem Bewußtsein und dem Interesse eines Individuums abhängig. Gegenwärtige Geschichte ist ein Prozeß, den spätere Zeiten auf sehr unterschiedliche Nenner bringen werden und den wir, die Beteiligten, erfahren und erleben mit allen Einschränkungen, Beschränkungen des Verstandes, der Gefühle und der Sinne eines einzelnen. Es ist ein komplexer Prozeß, den jedes Individuum komplex wahrzunehmen vermag und dessen Sicht sich dennoch tausendfach, und durchaus nicht allein in Nuancen, von den Wahrnehmungen eines beliebigen Nächsten unterscheidet; ein Prozeß, der sich widersprüchlich vollzieht und damit die Unterschiede, die Möglichkeiten der Wahrnehmung potenziert. Ein Vorgang, von dem die Bürokratie, das Berichtswesen trau-

11

rige Lieder zu singen weiß und sich behilft mit Pattern, mit Denkschemata.

Bei diesen Schwierigkeiten eines so belanglosen Vorgangs, wie kann es da verwundern, wenn ein vielfältigeres, reicheres Bild mit ungleich größeren Schwierigkeiten zu tun hat.

Literatur will Welt auf den poetischen Begriff bringen, möglichst viel Welt, um die poetische Mitteilung sich entsprechend zu machen, sich selbst also und seiner Welt. Da bedarf es der Entdeckung, der Erfindung, des Neuen also. Das Überlieferte würde uns Beifall garantieren, und die auf den Erfolg Angewiesenen, die Unterhaltung, die Medien, die Professionellen schwören daher auf eben diese überkommenen Ästhetiken. Wer den Erfolg benötigt, wird die Tradition zu schätzen wissen; er wird keine anderen Tugenden dulden, schon gar keine umstürzlerischen, unerprobten. Er wird die Tradition schätzen, schätzen nach ihren Möglichkeiten zur Vermarktung.

Balzac wurde so zum Strickmuster für den harten, publikumssicheren Krimi, Goethe findet sich wiedergeboren in der klassizistischen Pose des Kleinbürgersalons, Ibsens Dramaturgie beherrscht seit einem Jahrhundert die Theater und wird weltweit zur Herstellung von Fernsehspielen und -serien genutzt. Ästhetik, so verstanden, wird zum Algorithmus der Beliebigkeit, die so verfertigten Texte stehen mit dem Rücken an der Wand, gesichert aus der Tradition, vermeintlich genau und der Wirklichkeit auf der Spur, weil erfolgreich gewordene Rezepte der Vorväter kolportierend. Der Verweis auf diese Ahnen scheint Vertrautheit, Geborgenheit zu wecken, Nähe von Inhalt, Gehalt und Form zu den großen Entdeckungen unserer Vorzeit. Damit auch einem Publikum entgegenkommend, vielmehr hinterherlaufend, das, durch das fehlende gültige Bild seiner Welt verunsichert, von dessen Vorhandensein es überzeugt ist durch Bildung, aber auch durch Verbildung. Durch eine Überfülle ihm aufgedrängter, widersprüchlicher und sich widersprechender Bilder, radikal in seinem Weltbild und seiner Ästhetik, in seinen Ansichten und Wertungen verunsichert, will es aus den Verwirrungen seiner Zeit sich flüchten in das geordnete, ordnende Abbild einer Welt, die nicht seine ist, aber vertraut und anheimelnd, der alte Mutterschoß, die Nestwärme der Vergangenheit.

Heiner Müller sprach davon, daß Kunst sich durch Neuheit legitimiere und anderenfalls, also wenn sie mit Kategorien gegebener Ästhetiken beschreibbar sei, parasitär ist. Dies ist eine überaus scharfe Definition von Kunst, ein Seziermesser, das die deutsche Literatur, ja selbst die Weltliteratur zu einer übersichtlichen Handbibliothek verkürzt. Literaturgeschichte wird dann zu einer Geschichte permanenter Revolutionen der Formen, der Ästhetik, eine höchst beunruhigende Folge von Widersprüchen, Fantasie und Neuerungen. Sie ist es ohnehin, aber durch einen Wust von Makulatur, den erst die Jahrhunderte mühselig lichten, ist uns der klare Blick darauf verstellt.

Die Produktion von Makulatur befriedigt Bedürfnisse, vor allem das Bedürfnis nach sicheren Werten, die dort fortgesetzt geliefert werden, übernommen aus der Tradition. Sie wird produziert mit dem Rücken an der Wand, sagte ich, und die Wand bröckelt, verschüttet die hergestellte Makulatur fast im Moment ihres Entstehens. Dennoch, die unaufhörlich hergestellten Ewigkeitswerte, Ersatz für verschlissene Religionen, werden begierig und rasch verschlungen, sie erfüllen offenbar Bedürfnisse. Von ihrer stabilisierenden Funktion sprachen wir bereits: der der Herstellung leicht verdaulicher

Bilder, die übersichtlich, geordnet und in ihren Werten durch ein vergangenes Jahrhundert scheinbar bestätigt, die gegenwärtige Welt in leicht faßliche und beruhigende Muster bringen. Zudem ist Makulatur wichtiges Futter zum Wiederkäuen, das wir aus der Tier- und Menschennahrung als Ballaststoffe kennen: unverdauliche, verdauungsfördernde Nahrungsbestandteile. Die Buch- und Papierproduktion kennt es als Füllstoff: ein dem Papier als verbilligendes Streckmittel hinzugefügtes, möglichst neutrales Pigment, das Lücken auszufüllen hat, dem Papier die regelmäßige Oberfläche gibt, seinen Weißgrad erhöht, eine größere Glätte erzielt und seine Transparenz mindert.

Makulatur hat darüber hinaus gesellschaftliche Funktionen. Kein Staat dieser Welt, der darauf verzichten könnte. Hegel vermeinte noch, im Staat die Verkörperung einer sittlichen Idee zu sehen. Seit Engels und Lenin wissen wir, „er ist das Eingeständnis, daß diese Gesellschaft sich in einen unlösbaren Widerspruch mit sich selbst verwickelt, sich in unversöhnliche Gegensätze gespalten hat, die zu bannen sie ohnmächtig ist. Damit aber diese Gegensätze, Klassen mit widerstreitenden ökonomischen Interessen nicht sich und die Gesellschaft in fruchtlosem Kampf verzehren, ist eine scheinbar über der Gesellschaft stehende Macht nötig geworden, die den Konflikt dämpfen, innerhalb der Schranken der ‚Ordnung‘ halten soll; und diese, aus der Gesellschaft hervorgegangne, aber sich über sie stellende, sich ihr mehr und mehr entfremdende Macht ist der Staat … Um diese öffentliche Macht aufrechtzuerhalten, sind Beiträge der Staatsbürger nötig — die Steuern. Diese waren der Gentilgesellschaft vollständig unbekannt. Wir aber wissen heute genug davon zu erzählen".

Die Steuern im Bereich der Kunst, das eben ist die

Makulatur, die staatserhaltende Phrase, um mit Lenin zu sprechen. Insofern hat Hegel so falsch nicht gegriffen mit der sittlichen Idee, sie gehört durchaus zur Verkörperung des Staates hinzu, zu seinen Werten und Wertvorstellungen, ein Religionsersatz, der Gral des aufgeklärten Staatsbürgers.

Ich nannte als die wesentlichen Ursachen und Triebkräfte für die unabdingbar erforderliche Makulatur:

1. den Drang nach überlieferten, also gesicherten Ästhetiken, um sich in einer poetischen Welt zurechtzufinden, da die tatsächliche Welt neu und somit erschreckend ist;

2. die unverdaulichen, aber verdauungsfördernden Theoreme jedweden Glaubens, die keine Erkenntnisse vermitteln und uns nichts mitteilen, was nicht bereits wohlbekannt ist, dafür aber geeignet sind, unser sittliches Selbstverständnis zu kräftigen;

3. die gesellschaftliche und staatliche Funktion. Kunst ist öffentliche Angelegenheit, Angelegenheit des Volkes, res publica, Literatur sind Mitteilungen von Individuen an die Gesellschaft. Der Staat als Unterdrückungsmechanismus einer Klasse gegenüber anderen Klassen — wie Lenin sagt — ordnet sich alle öffentlichen Angelegenheiten als die seinen unter, verwaltet also stellvertretend die öffentlichen Angelegenheiten des Volkes, somit auch die Künste. Das Eingreifen des Staates kann verschieden sein, sich der künstlerischen Produktion freundlich oder weniger aufgeschlossen zeigen, es können auch andere, nichtstaatliche Kräfte wirken (die Bourgeoisie entwickelte beispielsweise das Mäzenatentum, um korrigierend die Interessen der eigenen Klasse — nämlich Selbstdarstellung — gegenüber den beschränkten Einsichten ihrer eingesetzten Verwaltung durchzusetzen), immer aber, solange wir in sich selbst widersprüchlichen Gesellschaften leben,

werden wir Staaten haben und die Mißlichkeiten einer eingreifenden Verwaltung. Das aber beschäftigt uns hier nur am Rand, wenn auch an einem nicht zu übersehenden.

Ich nannte drei Gründe für die Notwendigkeit von Makulatur und sagte, sie seien alle so neu nicht. Sie beschäftigten und belasteten Kunst und Künstler durch die Jahrhunderte. Ich zitiere Goethe. Im Alter von fast siebzig Jahren spricht er mehrmals über das Theater in Deutschland; lassen Sie sich von dieser Einschränkung nicht irritieren, die Zustände, die er beschreibt, haben auch in den anderen Künsten ihre Wirkung: „Das Theater ist in dem modernen bürgerlichen Leben, wo durch Religion, Gesetze, Sittlichkeit, Sitte, Gewohnheit, Verschämtheit und so fort der Mensch in sehr enge Gränzen eingeschränkt ist, eine merkwürdige und gewissermaßen sonderbare Anstalt.

Zu allen Zeiten hat sich das Theater emancipiert, sobald es nur konnte, und niemals war seine Freiheit oder Frechheit von langer Dauer. Es hat drei Hauptgegner, die es immerzu einzuschränken suchen: die Polizei, die Religion und einen durch höhere sittliche Ansichten gereinigten Geschmack. Die gerichtliche Polizei machte den Persönlichkeiten und Zoten auf dem Theater bald ein Ende. Die Puritaner in England schlossen es auf mehrere Jahre ganz. In Frankreich wurde es durch die Pedanterie des Cardinal Richelieu gezähmt und in seine gegenwärtige Form gedrängt, und die Deutschen haben, ohne es zu wollen, nach den Anforderungen der Geistlichkeit ihre Bühne gebildet ...

Es entstand schon vorher die Frage: ob überall ein Christ das Theater besuchen dürfe; und die Frommen waren selbst untereinander nicht einig, ob man die Bühne unter die gleichgültigen (adiaphoren) oder völlig zu verwerfenden Dinge rechnen solle. In Hamburg brach aber der Streit hauptsächlich darüber los, in wie fern ein Geistlicher selbst das Theater besuchen dürfe; woraus denn gar bald die Folge gezogen werden konnte, daß dasjenige, was dem Hirten nicht zieme, der Heerde nicht ganz ersprießlich sein könne.

Dieser Streit, der von beiden Seiten mit vieler Lebhaftigkeit geführt wurde, nöthigte leider die Freunde der Bühne, diese der höhern Sinnlichkeit eigentlich nur gewidmete Anstalt für eine sittliche auszugeben. Sie behaupteten, das Theater könne lehren und bessern und also dem Staat und der Gesellschaft unmittelbar nutzen. Die Schriftsteller selbst, gute wackere Männer aus dem bürgerlichen Stande, ließen sich's gefallen und arbeiteten mit deutscher Biederkeit und gradem Verstande auf diesen Zweck los, ohne zu bemerken, daß sie die Gottschedische Mittelmäßigkeit durchaus fortsetzten und sie, ohne es selbst zu wollen und zu wissen, perpetuirten ...

Wenn man sich in der letzten Zeit fast einstimmig beklagt und eingesteht, daß es kein deutsches Theater gebe, worin wir keineswegs mit einstimmen, so könnte man auf eine weniger paradoxe Weise aus dem, was bisher vorgegangen, wie uns dünkt, mit größter Wahrscheinlichkeit darthun, daß es gar kein deutsches Theater geben werde, noch geben könne."

Goethe spricht die Zustände radikaler an als Heine, den mehr die Zukunft das Fürchten lehrte, eine Zukunft, die unsere Gegenwart ist. Das, sagten wir, ist für uns Anlaß und Aufgabe, Heines böse Schilderung unserer Zustände zu bedenken. Lorbeerwald oder Kartoffelacker also, Buch der Lieder oder Papiertüten für den Krautkrämer?

Der dialektisch geschulte Denker wird hier sofort sein Sowohl-als-auch einwerfen, eines bedinge das andere, jenes sei Voraussetzung von diesem, Höherentwicklung, Negation der Negation, Hegelsche Aufhebung, Entwicklung als beständige Progression zur idealen Gesellschaftsform, Reich der Freiheit über dem Reich der Notwendigkeit, und so fort bis zum Elysium. Dies alles im Ohr und Hinterkopf, wagen wir einen Blick auf die Realität, einen philosophisch gewappneten Blick.

Bedarf unsere Gesellschaft noch der Kunst, oder hat sie diese dem Gemeinwohl, den sozialen Bedürfnissen aller Individuen zum Fraß vorgeworfen? — und das, falls es zutrifft, mit Recht, wie Heine sagt.

Die Frage nach der Notwendigkeit von Kunst für eine Gesellschaft ist eine Frage an uns, eine Frage nach unseren Bedürfnissen. Gleichgültig, ob das einzelne Individuum sich in Konsens oder Dissens mit dem Staat befindet, es ist Teil der Gesellschaft, mitverantwortlich. Alle Kritik, sagten wir, ist, wenn sie nur einigermaßen fundiert und durchdacht ist, Selbstkritik. Alles andere ist Phrase, Pharisäertum, Oberfläche. Der anklagende Zeigefinger richtet sich immer auf die eigene Person, wenn wir nur den Mut aufbringen und den klaren Blick, uns selbst in dem Angeklagten zu erkennen. Wir sind befragt, wenn Heines fürchterliche Zukunftsvision einen Adressaten hat; unser Verhältnis zur Kunst müssen wir befragen. Es geht nicht um fremde Versäumnisse und Mängel. Der Verlust ist, so wir ihn zu konstatieren haben, unser Verlust.

Wir nähern uns unserem Thema in Kurven. Es sind Kurven aus gegebener Zurückhaltung, ein Eingeständnis von Angst vor dem zu erwartenden Ergebnis. Die jetzige Abschweifung heißt: Was ist moderne Kunst, was sind die Kriterien, mit denen wir heutige Kunst vom bloß Unterhaltenden, dem Epigonalen, der Kunst als Gewerbe, dem gefälligen Kunstgewerbe und den ebenso gefälligen oder doch spektakelerregenden Modernismen unterscheiden können?

Wir sprachen davon, daß alle uns zur Verfügung stehenden Ästhetiken allein vergegenständlichte, vergangene Kunst erfassen können. Eine erste, unzureichende Definition ist demnach: Alles, was wir mit bewährten, überlieferten Kriterien als Kunst erfassen und werten können, ist heute keine Kunst.

Das uns zur Verfügung stehende Instrumentarium der Literaturwissenschaft ist unter anderem gewonnen aus der methodischen Beschäftigung mit der überlieferten Literatur. Mit diesem Besteck können wir die vergangenen, aufgehobenen Kunstleistungen als solche definieren, ordnen, sezieren etc. Mit diesen Instrumenten an neue Literatur heranzugehen bringt uns in die Situation eines Hufschmieds, der Automobile zu bewerten hat. Er hat Berufserfahrung, Handwerk, und sein Urteil ist geläutert und überprüft durch Generationen und Jahrhunderte. Und er wird jenes Automobil küren, dem zwei Pferde vorgespannt sind.

Die Wissenschaft läßt uns nicht ganz im Stich. Zumindest haben wir Methoden in der Hand, die es uns erlauben, all jenes, was ihnen entspricht, was den Kriterien der Literaturwissenschaft genügt, auszuschließen aus der modernen Kunst und Literatur.

Negativ-Definitionen haben ihre Mängel. Wir wissen jetzt vielleicht, was nicht Kunst ist, was Kunst nicht sein kann. Was aber ist Kunst?

Eine Wandkritzelei — um mich verständlich auszudrücken: ein Sgraffito — lautet: „Kunst ist, was man nicht kann, denn wenn mans kann, ists ja keine Kunst." Gewiß, hier liegt eine semantische Stufenverwechslung vor, und überdies lebt der Witz von zwei verschiedenen Bedeutungsinhalten des einen Wortes. Er ist zweifellos ironisch gemeint, unernst. Und doch, mit dieser Definition können wir etwas anfangen. Was man kann, das ist eben das Handwerk, das sind Voraussetzungen. Das zu tun, was man kann, ist ehrenwert und brav, aller Ehren wert, aber es sind Tugenden anderer Stände, anderer Künstler, etwa des Haarkünstlers, des Friseurs. Da entsteht tatsächlich Kunstvolles, Bewunderungswürdiges, aber doch nicht Kunst. „Was man nicht kann" — das scheint wohl eher die Schwelle zu sein, die uns endlich zu dem bringt, um das es uns hier geht. „Kunst ist, was man nicht kann." Eine bedenkenswerte und sehr bedenkliche Definition. Eingeschränkt gültig ist sie gewiß für Kunst als Prozeß, für die Produktion, für die Arbeit. Was man nicht kann, dennoch zu tun, das beinhaltet die Möglichkeit des Scheiterns, das verhindert jede Sicherheit, bietet einen Ansatz für das Laboratorium des Prozesses Kunst. Zu tun, was man kann, zeichnet den Handwerker aus, den Routinier. Das ist viel und Voraussetzung jeglicher Arbeit, und dennoch nicht hinreichend. Es ist die Grundlage, die Voraussetzung für Erfindungen, für die neu zu erfindende Wirklichkeit, was ja Poesie schließlich ist. Die Erfindung selbst hat sich von allem überkommenden Handwerk frei gemacht, sie ist etwas Unvergleichliches. Das ist keine emphatische Wertung, denn sie ist unvergleichbar, weil sie außerhalb aller Kriterien und Wertmaßstäbe ist, weil wir uns, um sie zu beurteilen, nicht auf mühselig erworbene Kenntnisse stützen können. Es gibt kein anderes Kunstwerk, das wir vergleichend heranziehen können, um das neu entstandene zu erfassen und es möglicherweise gleichfalls als Kunst zu kennzeichnen. Gäbe es das vergleichbare, wäre das neu entstandene Werk alles mögliche, nur nicht Kunst.

Haben wir nun definiert, was moderne Kunst ist?

Der übliche Einwand dagegen lautet: Das, was man nicht kann, ist Nichtgekonntes. Kann das Kunst sein? Ist das Kunst? Es muß nicht Kunst sein, aber es kann sein, daß es Kunst ist. Ich habe keine Sicherheiten anzubieten. Alles, was uns an sicheren Werten aus den Jahrhunderten überliefert wurde — Begriffe wie Schöpfertum und Genialität, Aura, Einzigartigkeit und Imagination, Ewigkeitswert, das Geheimnis der Meister etc. — all dies hat sich inzwischen gründlich desavouiert. Walter Benjamin verwies darauf, daß diese Begriffe in ihrer unkontrollierten oder doch schwer kontrollierbaren Anwendung zur Verarbeitung des Tatsachenmaterials im faschistischen Sinn führen. Wir sind — geschüttelt durch Geschichte — hoffentlich hellhöriger geworden und verunsicherter. Hart bedrängt von dem traditionellen Kunstverständnis jeder Gesellschaft, die ihre Kunst vor der Politisierung bewahren möchte als ein Fleckchen ungetrübten Menschseins, als eine Trauminsel des homo ludens, des spielenden Menschen, und daher fortgesetzt Verlängerungen produziert, Verlängerungen abgestorbener Prozesse (die Ästhetik der Toten ist tote Ästhetik), sind wir mit unseren Kunstsinnen, mit unserer Sinnlichkeit für Kunst in einer Welt des schönen Scheins daheim oder in einer Wüste der Begriffslosigkeit, konfrontiert mit abstrusen Erfindungen, die sich uns als neue Kunstwerke zu präsentieren suchen. Es fällt uns schwer in unserer Verstörung, rabiate Maßnahmen zu unterdrücken, zu denen wir dann neigen. Wir kennen die übliche Reaktion darauf, vor der uns nur unsere Verunsicherung und die Kenntnis ähnlicher Vorgänge in der Geschichte bewahrt.

Ich zitiere im folgenden einen Leserbrief, der in einem Berliner Lokalblatt zu einer Kunstausstellung erschien. Auf nähere Angaben kann ich verzichten, der Brief könnte in fast jeder Zeitung zu fast jeder Präsentation neuster Werke erscheinen: „Wenn diese Zeilen erscheinen, dann hat die Ausstellung … ihre Pforten wohl schon geschlossen. Das ist gewiß kein Nachteil, denn was dort gezeigt wurde, war nicht durchweg meisterlich. Vieles hatte man vor Jahren und Jahrzehnten schon besser gesehen. Es gab kaum Originelles, und wenn etwas unbedingt originell sein wollte, so war es weitgehend unverständlich. Die meisten Gemälde, ob Aquarell, ob Öl, ob Ton, waren grau in grau. Haben die jungen Künstler in ihrer Jugend und Studienzeit nichts erlebt, was mehr Aktion, Farbe, Frohsinn und Zeitbezogenheit in der Darstellung verdient hätte? Der Besucher, der selbst noch lernen möchte und Maßstäbe für die Kunstbetrachtung sucht, könnte vielleicht dieses oder jenes für Kunst halten, was lediglich von einem Künstler stammt. Die Zielrichtung unserer Kunst in den nächsten Jahren kann das wohl nicht gewesen sein."

Ein fast klassischer Leserbrief der Beunruhigung. Er benennt seine Kunstkriterien: „Vieles hatte man vor Jahren und Jahrzehnten schon besser gesehen." Das heißt, seine ästhetischen Auffassungen wurden damals gebildet und versagen nun vor der neuen Kunst. Oder seine Maßstäbe sind aus noch älterem Holz, geschnitzt in gänzlich anderen Zeiten, und das, was er vor „Jahren und Jahrzehnten schon besser gesehen" hatte, war nach den Werten überkommener Kunstwerke geschaffen, also Beliebiges, Epigonales, angenehme, genießbare, leicht verdauliche Makulatur.

Die neue Kunst, die der Briefschreiber zu sehen bekam, beschreibt er als „grau in grau". Es ist die normgerechte Abwehr von Neuem, der traditionell bewährteste Schutzwall gegenüber beunruhigender Kunst. Wir kennen diese Formulierung aus den Jahrhunderten: Eben noch war Flauberts MADAME BOVARY grau in grau, inzwischen avancierte sie zum Prügelstock, mit dem der neuen Kunst Schönheit und Geschmack, Farbe und Frohsinn eingebleut werden soll. Grau in grau — das ist das l'art pour l'art der Unfähigkeit, neue Kunst zu sehen, unfähig, weil nicht bereit, sich der eigenen Zeit zu stellen.

Volkes Stimme, vox populi, ist, wir haben es in der Geschichte häufiger zu spüren bekommen, nicht immer Gottes Stimme. In Sachen Kunst war sie oft genug nur ein Holzscheit zum Scheiterhaufen, auf dem, unter Anrufung des Wahren, des Schönen, des Guten, eben dieses den Flammen übergeben wurde. Wir sind aus Beispielen gewarnt und verunsichert. Unsere Hand ist zu sehr mit Erinnerungen belastet, um allzu rasch und schlagfertig die Ausgeburten der modernen Kunst vom Tisch zu wischen. Die Erinnerungen etwa an Picasso, der Jahrzehnte seines Lebens als Schmierfink, als Möchtegern-Künstler angesehen war, oder an faschistische Kunstauffassungen, die auf Ästhetisierung des politischen Lebens aus waren, sind noch zu lebendig und machen uns hilflos angesichts schwer verkraftbarer Produkte moderner Kunst.

Dagegen diese Definition „Kunst ist, was man nicht kann", die unverschämte Einladung zum Dilettantismus, hier hingesetzt wie eine Pissoirparole, mit roter Lackfarbe an eine klassizistische Skulptur des Monumentalismus gesprayt.

Sollen wir uns damit zufriedengeben?

Nein. Ich denke, wir werden mit dieser Verunsicherung leben und arbeiten müssen. Und diese Verunsicherung ist unser sicherstes und produktivstes Fundament, wenn wir moderne Kunst anschauen, erfassen wollen.

Jetzt, ein wenig irritiert, wollen wir uns wieder dem Heine-Text nähern, der Frage nach der Notwendigkeit und Berechtigung von Kunst in einer sozial gerechten oder doch gerechteren Gesellschaft. Wir könnten nun auf die Werkausgaben der Klassiker verweisen, auf Heine-Matineen und Mozart-Quartette, eine Schillergasse wäre vorzuweisen und bereits ein Brecht-Platz. Aber wir wissen, damit sind wir nicht aus der Kalamität; das war nicht gemeint, das ist nur die angesprochene Verlängerung des Stattgefundenen, „Erbe" — wie es so schön juristisch-beutegierig heißt, die Ästhetik der Toten, tote Ästhetik.

Eine neue Abschweifung, eine Bemerkung zum Erbe. Das lateinische Recht, das römische, faßte die Bestimmungen dazu wohl erstmals grundlegend, jedenfalls für Gesellschaften mit Privateigentum. Das ius utendi et abutendi gab dem Besitzenden das Recht, sein Erbe nach Belieben zu gebrauchen. Tatsächlich aber gab es de facto nie ein solches Recht. Die Ökonomie setzte da stets Grenzen. Erbe war und ist wie jeder Besitz nie eine Sache des Willens, sondern abhängig von tatsächlichen Beziehungen, von dem Gebrauch, den man von ihm macht. Die Gesellschaften mit Privateigentum bekamen es mit der juristischen Merkwürdigkeit zu tun, daß einer — laut Gesetz — einen juristischen Titel auf eine Sache haben konnte, ohne die Sache wirklich zu haben. Grundbesitz, eine Fabrik zum Beispiel, ohne weiteres Kapital bleibt ein Besitz ohne Folgen.

Die meisten sozialistischen Staaten haben neuere Bestimmungen ins Erbrecht aufgenommen; so kann eine Person, die bebaubaren Boden (Ackerland, Weide etc.) erbt, diesen nur besitzen, wenn sie ihn entsprechend nutzt. Der Erbe darf ihn weder brachliegen lassen noch zweckentfremdet nutzen (etwa als Bauland für ein Wochenendgrundstück, eine Datsche). Er muß Bauer werden oder den Boden zur bäuerischen Nutzung verpachten. Das ius utendi et abutendi, also das Recht, das Seinige zu gebrauchen und zu verbrauchen, auch zu mißbrauchen, wurde eingeschränkt durch das höhere Recht des Gemeinwesens. Aus dem Recht erwächst die Pflicht, das Seinige entsprechend der Sache zu gebrauchen.

Nicht anders verhält es sich mit dem geistigen Erbe. Wir werden es nur besitzen, wenn wir es entsprechend dieser Pflicht nutzen, also weder brachliegen lassen noch zu anderen Zwecken mißbrauchen. Anderenfalls, wenn wir dieses Erbe nur bestaunen, feiern, einschreinen, vermarkten, werden wir vielleicht den juristischen Titel haben, aber nie die Sache selbst.

Zurück zu Heine. Wir wissen, aus seiner Frage sind wir nicht entlassen durch fortgesetzte Neuausgaben seines Liederbuches, selbst eine aufwendige Ausgabe in Leder und mit Goldschnitt entlastet uns noch nicht von seinem Vorwurf der Kulturvandalen, der Gerechtigkeitsmänner, die um der Gerechtigkeit willen (jeder soll essen) auf die Kunst pfeifen und die Nachtigall am Spieß braten.

Bedarf unsere Gesellschaft noch der Poesie, der Kunst? Wer braucht die moderne Musik, die geschickte Veranstalter mit dem Forellenquintett koppeln, um die unverkäufliche Ware so drapiert und versteckt absetzen zu können? Wer braucht diese unverständlichen neuen Gedichte eigentlich? Freude und Schmerz finden wir schließlich ausreichend bei Eichendorff und Hölderlin formuliert oder eben bei Heine, auch ästhetisch ausreichend. Die Schulbücher machen mit Mörikes Frühling und mit Wanderers Nachtlied bekannt (was will uns der Dichter damit sagen, was meint er womit), die Produktion der Zeitgenossen wird da nur wahrgenommen, soweit diese das gesellschaftliche Konzept bedient (Vorwärts, und nicht vergessen) oder die Ästhetik der Toten (immer wieder läßt der Frühling sein blaues Band flattern, wenn auch die Lüfte inzwischen stark umweltgeschädigt sind). So gebildet, also eingerichtet mit dem

Erbe, wem genügt es nicht, vom Erbe zu leben? Es ist ohnedies bequemer, erfordert keinerlei Anstrengungen, alles ist gesichert, sicher als überlieferter Wert. Es ist fraglos geworden.

Hat unsere Gesellschaft — wie Heine vermutet — die Kunst mit der Bourgeoisie abgeschafft?

Natürlich, wir haben Künstler, auf die wir jetzt verweisen könnten. Aber auch das war von Heine nicht gemeint. Sicher, Künstler gab und gibt es, und wenn keiner die Kunst braucht, sie, die Künstler hängen an ihr mit Kopf und Kragen. Sie versuchen sogar, von ihr zu leben.

Zu keiner sozialen Revolution, zu keinem Programm einer Umwälzung der Gesellschaft gehörten als primäre Forderungen Losungen wie: Kunst für alle. Verlangt wird da Brot für alle, ein Huhn im Topf, eine Wohnung, Wohlstand, soziale Sicherheit. Das sind Bedürfnisse, denen erst ihr Recht verschafft werden muß, bevor irgendwelche geistigen und kulturellen Interessen von Belang werden können. Viel eher wurden im Gefolge sozialer und revolutionärer Umwälzungen Bücher aussortiert, Bilder vernichtet, Theater geschlossen. Und Heine sagt sogar, das eine, die Gerechtigkeit, schließe das andere, die Kunst, aus. Möglicherweise, so deutet er an, ist Kunst nur in der Klassengesellschaft möglich, ist sie das schöne Gewächs auf dem Boden der Ausbeutung, eine bezaubernde Sumpfblume. Die Produktion von Kunst bedarf einiger Individuen, die den zur Kunstproduktion nötigen Freiraum nur auf Kosten des eingeschränkten Freiraums anderer haben. Kunst als Parasit, als Nutznießer der Ausbeutung. Das hohe künstlerische Niveau der antiken Sklavenhaltergesellschaft, es waren bewundernswerte Kulturleistungen, produziert von Sklavenhaltern, war nur möglich durch die den Freiraum schaffenden Sklaven.

Natürlich, es gab auch talentierte, geförderte Sklaven; auch sie, auch ihre Produktion bedurfte der Sklavenarbeit ihrer Genossen. Dann die enormen Leistungen der bürgerlichen Gesellschaft, die das erbrachten, was wir heute als unser Erbe betrachten, auch dies waren Arbeiten von wenigen auf dem Rücken von vielen, die überdies nichts davon wußten noch konsumieren konnten. Die Kenntnis der Kunst ihrer Zeit hätte ihnen zudem wenig geholfen, man hatte sie nicht dazu befähigt, sie genießen zu können. Dies ist es ja auch, was Heine da anspricht.

Und nun haben wir eine Gesellschaft mit sozialer Gleichheit, jedenfalls mit einer sozialen Gleichheit, die die Geschichte — soweit sie sich nicht in grauer Vorzeit verliert — nicht kennt. Wir haben Künstler, die — wie in früheren Zeiten — durch die Arbeit anderer das Privileg erhalten, sich ausschließlich mit ihrer Kunst zu befassen. Es *ist* ein Privileg, denn jeder Mensch ist befähigt, sich künstlerisch zu äußern, aber die arbeitsteilige Gesellschaft gestattet nicht, daß jeder Mensch dazu berechtigt ist, und läßt diese Fähigkeit zugunsten brauchbarerer, verwertbarerer Fähigkeiten und zugunsten anderer Individuen (der Künstler als Spezialist) verkümmern.

Was wir nicht mehr haben, jedenfalls nicht mehr als gesellschaftliche Erscheinung, ist der Kunstkonsument, der seine Fähigkeiten und Fertigkeiten, Kunst aufzunehmen, zu verstehen, einen Kunstsinn zu entwickeln, auf Kosten anderer entfaltet. Ein Reichtum verschwand, wurde hinweggefegt, da es ein Reichtum von Parasiten war. Ebenso verschwand, und aus dem gleichen Grund, der Mäzen, also eine Förderung von Kunstproduktion, die weniger von staatlichen oder Gruppeninteressen, von Brauchbarkeit und Nützlichkeit diktiert war als von privaten Eitelkeiten oder — bestenfalls — uneigennütziger Kunstliebe und produktivem, anregendem Kunstverständnis. Das alles verschwand, denn es war parasitär, es setzte die Ausbeutung des Menschen durch den Menschen voraus, und es verschwand zu Recht. Und nun kommt Heine und sagt — seinen Segen zu diesem Verschwinden gebend —, daß nunmehr allein der Krautkrämer übrigbleibt, das Unverständnis gegenüber der Kunst, die Banalität, ein krudes Nützlichkeitsdenken, des Künstlers Ende. Haben wir eine gerechtere Gesellschaft auf dem Grabe der Kunst errichtet? Ist Gerechtigkeit nur zu diesem Preis zu haben? Verbleiben uns nur noch die Kunstleistungen der Alten, das Erbe, und taumeln wir ansonsten in zeitgenössischen Kunstsurrogaten umher, in einem Ersatz, den uns fortgesetzt die Medien und ein Buchmarkt anbieten, von denen nicht Kunst, sondern angenehme Entspannung, der Zeitvertreib, die leichte Lesbarkeit verlangt sind? Gebrauchskunst, weil eine Gesellschaft, in der alle zu essen haben, Kunst nicht mehr verkraften, verstehen will?

Eine fatale Frage Heines. Wir werden sie verstanden haben, wenn wir begreifen, daß sie nicht beantwortbar ist, sondern als bedrängende Warnung anzunehmen. Wir haben uns mit ihr auseinanderzusetzen, günstigstenfalls unser Leben lang. Denn nur unser Leben und unsere Arbeit werden die Antwort sein.

Ich will Heinrich Heine das letzte Wort geben. Im Anschluß an seine Prophetie vom Untergang einer ungerechten Welt und dem sie begleitenden Untergang der Kunst schreibt er: „Ich rede zuviel, jedenfalls mehr, als mir die Klugheit und das Halsübel, woran ich jetzt leide, erlauben möchten."

Anmerkung zu Lassalle fragt Herrn Herbert nach Sonja. Die Szene ein Salon

1

Das Stück ist vor allem ein Stück Autobiographie. Eine Möglichkeit, von eigenen Zwängen, Verstrickungen und Befindlichkeiten spielerisch zu erzählen. Ein Spiel, nicht selbst gewählt, doch seinen Regeln unterworfen, immer mit Hoffnung als Einsatz beginnend, und das credo quia absurdum als einzige Sicherheit. Und was schließlich zählt, sind ein paar Haltungen, die Transparenz des Individuums.

Ein Spiel, das heißt auch, die Figuren des Stücks sind nicht identisch mit realen Personen, die Bühne vermittelt nicht Geschichtsstoff. Bereits die Shakespeare-bühne, noch gefordert und vermögend, das Bewußt-sein ihrer Zeit auf die Bretter zu stellen, bekümmerte sich nicht allzuviel um historische Wahrheiten; ihr stand der Sinn allein nach der Theaterhistorie: Die Tatsache, daß Macbeth siebzehn Jahre Schottland regierte, und durchaus besser als Duncan, ist historisch verbürgt und war dennoch unbrauchbar für das Theater. Mit Tatsa-chen ist auf der Bühne nicht viel anzufangen; von Inter-esse ist, was ihnen folgt.

Das Lassalle-Stück spielt mit den Kunstformen des 19. Jahrhunderts und mißtraut ihnen. Das Verfahren birgt einen Vorteil: Das veränderte Geschichtsbewußt-sein unserer Zeit findet ihre Entsprechung im Salon. Gesellschaft wird nur noch als Staat erfahren und empfunden; die die Zeit bewegenden Ideen bedürfen der Form der Gesetze und des Korsetts der Verordnungen, um sich bewegen zu können; die Kämpfe der Klassen und Interessen manifestieren sich in Politikern, die das Volk vertreten; die öffentlichen Angelegenheiten werden zu Angelegenheiten von Fachleuten. Noch bis ins 17. Jahrhundert fand ein naiveres Bewußtsein sich in den Königsdramen als seiner poetischen Welt zurecht. Mit der Wissenschaft nahm die Abstraktion zu, die geschichtliche Persönlichkeit verblaßt hinter den Triebkräften der Gesellschaft, den Sachzwängen der Verwaltung, der allübergreifenden Bürokratie. Wo mir Hekuba nicht mehr sinnlich erfaßbar wird, wird mir alles zu Hekuba. Zur Anekdote geschrumpft, liegt unser Geschichtssinn brach, den (noch bemerkten) Verlust ironisch drapierend. Oder, andere Seite der gleichen, verbogenen Medaille: in den fernen, verschwommenen Kämpfen das eigene Verhältnis reflektiert zu sehen.

2

Sprache zu begreifen durch Verstummen. Siebzehn-, achtzehnjährig in Polen, der Gedenktag der Toten des Warschauer Aufstandes. Über dem Friedhof ein atemnehmender Stearingeruch, auf jedem Grab brennende Kerzen. Die immer gleichen Sterbedaten, der Tod einer Stadt. Die Massengräber: eine Kompanie zwölf- und dreizehnjähriger Jungen, gefallen im Kampf gegen die deutsche Wehrmacht. Der Versuch, sich aus der Zugehörigkeit einer Sprache und Nationalität zu stehlen, als scheinbar einzig mögliche Haltung vor sich selbst. Die fremden Sprachen waren mehr als nur Zuflucht aus der eigenen Identität. Von dem heimatlichen Umfeld, eine deutsch-jüdisch-polnische Mischung, konträr und doch durch eine ehemals gemeinsame Geschichte verbunden, war mir allein das verblieben, was ich, was sich selbst desavouierte. Ein Versuch, dem auszuweichen, sich nicht zu stellen, in dem ich mich ohnehin nicht erkannte oder erkennen wollte. Als Deutscher, in Polen, am immer offenen Grab jeder Diaspora. Ein paar Sprüche im Hinterkopf: Erkenne dich selbst, aus den Griechischstunden des (noch immer) humanistischen Gymnasiums. Über der wiederholten Ablehnung, ein Kreuz zu tragen, das nicht meins ist — und ich begehr, nicht schuld daran zu sein —, das langsame Dämmern einer allerersten Verstrickung, lange vor der Geburt, ohne Möglichkeit der Korrektur. Nicht hinnehmen, aber annehmen, eine Schuld als Möglichkeit für die Zukunft. Die Utopie des Verbrechens: Was war, kann nicht mehr sein. Das Begreifen von Sprache über Geschichte: Was ich spreche, bin ich, aber meine Sprache ist die Stufe einer Stufe einer Stufe. Identität mit dem nicht Annehmbaren. Das Klaffende aushalten, aber auch auseinanderhalten. Der begreifliche Wunsch nach Vereinfachung, die Verführung des sorgfältig Geschiedenen. Dagegen ein erfahrungsgeschultes Zögern, die Rätsel zu lösen, endgültig, gordisch: Wir wissen, in welche Unlösbarkeiten der Rätsellöser Ödipus geriet auf dem Wege, die einfache Wahrheit zu schaffen. Heftiges Mißtrauen auch in eloquente Schuldbekenntnisse, hinter denen ein leuchtendes Weiß vermutet werden soll. Nach dem Mord die Umarmung, die, so schnell und noch aus der gleichen Armbewegung kommend, wieder tödlich werden kann. Die geschichtslose Phrase, die den plötzlich und brutal aufgerissenen deutschen Untergrund zu verdecken hofft, zu vergessen, zu überspringen. Das seit den Bauernkriegen eingeübte In-die-Knie-Brechen vor der Revolution, der bewunderte Fleiß und die technische Fantasie, der seit Jahrhunderten latente Antisemitismus, Partikularismus aus Mangel an Zivilcourage und Überfluß an Duodezfürsten, überschäumender und zum tödlichen Sprung bereiter Nationalismus, ein Ehrgeiz, gekitzelt von Pflichtgefühl und Organisationstalent ... eine Unendlichkeit der Ambivalenzen. Bewundert viel und viel gescholten, das Über-alles-Deutschland und dann wieder: ein Gespött oder eine Furcht. Da verbleibt Haßliebe als reinste, naivste Annäherung. Ein Verstummen, weil wieder einmal deutsch gesprochen wurde, das Schweigen — eine Chance, die eigenen Worte zu finden. Das ist ganz glaubhaft, weil es unsinnig ist, und es ist gewiß, weil es unmöglich ist.

3

Das Lassalle-Stück als ein Versuch, in der offenliegenden, banalen Form einen Kulminationspunkt eingehender und ausgehender deutscher Geschichte zu benennen, in dem ich selbst stehe. Der wiederholte Aufstieg einer neuen Klasse, schon gebrochen im Ansatz der Achtundvierziger Revolution, die die Gefängnisse mit einer deutschen Hoffnung füllt und ein weiteres Kapitel deutscher Emigranten eröffnet. Die verzagten Forderungen, allzu bereitwillig in die überkommenen Traditionen gepreßt. Eine Kultur, die ihren Reichtum wesentlich jenen verdankt, die sie bereits seit vier Jahrhunderten durch Unterscheidung weniger benennt denn diskriminiert: den deutschen Juden. „Othello ist schwarz, um weißer zu sein als die Weißen" (B. Viertel). Dazwischen die Mutter Lassalles, eine *mater pura dolorosa*, die — im Kopf die Muster vergangener Pogrome — vergeblich die Selbstdisziplin der Unerwünschten zu bewahren sucht, hilflos zerrieben zwischen den Mahlsteinen der Existenzformen für Juden in Deutschland, gedemütigt von dem immer wieder aufflackernden Wetterleuchten deutscher Barbarei. Der jahrhundertelang genährte Antisemitismus, nicht allein ein Problem der Deutschen: er ist wie jeder, wie und wo auch immer auftauchende Ausdruck von Unterdrückung von Menschen, ein Maßstab des Menschen.

Lassalle schließlich, einige Endpunkte benennend nach einem großen Anfang, und zu sehr in Hoffnung befangen, um ihren Zusammenbruch zu überstehen; unfähig, sich mit den — in Restaurationszeiten allein möglichen — kleinen Schritten zu begnügen. Das schmerzhafte Bewußtsein des Scheiterns und die unsinnige, einzigartige Geste der Verknüpfung des eigenen Ichs mit der Welt. Fünfundsiebzig Jahre später lehnt Walter Benjamin in Paris die weitere Flucht in die Vereinigten Staaten mit den Worten ab: „Es gibt in Europa Positionen zu verteidigen." Ein Jahr darauf marschieren die Deutschen in Frankreich ein, und Benjamin vergiftet sich. Der Verteidigungswall der Humanität ist errichtet aus menschlichen Körpern. Ihre Siege sind Niederlagen, ihre Verluste Gewinn: die immer wieder scheiternde Hoffnung und die — zumeist blutige — Überprüfung aller Werte. Ein Reservoir der Verzweiflung oder Chance auf eine menschliche Gesellschaft. Es ist ganz glaubhaft, und es ist gewiß.

Öffentlich arbeiten

1

Die Frage nach dem Material und der Wirklichkeit, die einem Schriftsteller zur Verfügung stehen, ist die Frage nach dem Material und der Wirklichkeit, die der Schriftsteller selbst ist. Der Stil ist der Mensch, hat Buffon gesagt, und wir ergänzen: Der Stoff ist der Autor selbst.

Mit Herzblut schreiben, lautete die Antwort eines vergangenen Jahrhunderts auf diese Frage. Wir, durch die vergangenen siebzig Jahre heilsam und hoffentlich anhaltend verunsichert von viel auslaufendem Blut in zwei Weltkriegen und einem Versuch der profitorientierten Bourgeoisie, den unlösbaren Problemen ihrer Weltordnung mit einer Endlösung beizukommen, wir gebrauchen ein anderes, zurückhaltenderes Vokabular, das doch nichts anderes zu benennen sucht. Meinen Stoff habe ich in meinen Augen und Ohren, er sitzt unter meiner Haut, da er mir tief unter die Haut ging. Wie immer ist es der Balken im eigenen Auge, der Pfahl im eigenen Fleisch. Auch die künftige Literatur wird von dem reden, was Individuen betraf, betroffen machte. Sie wird Autobiografie sein, keine private, aber doch persönliche, keine repräsentative, aber doch gesellschaftliche Autobiografie. Mitteilungen von Individuen über diese Individuen in der Welt, einer Welt, die ich nach meinen Kenntnissen, Fähigkeiten, Haltungen mir aneignete, die ich bin. Der Stoff ist der Autor selbst.

2

Die Frage nach unseren Besonderheiten bei dieser unverändert gebliebenen Aufgabe *Schreiben* fragt also
nach den veränderten Modalitäten, nach den Koordina-
ten von Geschichte und historischem Platz, von Jetztzeit und unser aller eingeschränkten Lokalität, für die
wir — ein wenig euphemisch — das Wort „Heimat" setzen. Schreiben heißt für uns deutsch schreiben, also in
einem geteilten Land, nach zwei von Deutschland aus-
gehenden Weltkriegen, mit einer untilgbaren Schuld,
vor der auch meine und weitere Generationen gerade
zu stehen haben oder krumm. Es heißt in einem Land
schreiben, dessen Grenze weiter reicht als eine Staats-
grenze anderswo, nämlich bis an den Nerv der Gesellschaft und seiner Kultur. Eine neue arme Kultur ist zu
setzen, die fast erdrückt wird von der reichen alten. Öffentlichkeit ist zu gewinnen für diese, unsere Arbeit,
und zwar in aller Öffentlichkeit.

Kultur, ob wir diesen Begriff eng oder weit fassen
wollen, bedarf der Öffentlichkeit. Jedwede Restriktion
beschränkt sie nicht allein, sondern höhlt sie aus. Es
gab in den vergangenen Jahren Maßnahmen bei uns —
getroffen wohl in bester Absicht —, um die bürgerliche
Kultur in einigen ihrer Erscheinungen nicht wahrhaben
zu müssen, ihnen durch Verbote zu entkommen. Ein
untauglicher Versuch, von dem man glücklicherweise
Abstand nimmt. Verbote können Bedürfnisse nicht regeln, sondern bewirken lediglich, daß sich diese Bedürfnisse auf andere und zum Teil paradoxe Art bewegen.

Kultur ist immer auch ein Auseinandersetzen mit anderen Kulturen, das Eigene ist nur mittels des Fremden zu entwickeln. Peter braucht Paul, sagt Marx, er
benötigt ihn, um sich zu erkennen. Eine Stammeskul-

tur ist nicht nur reaktionär, sie ist undenkbar, seitdem der Mensch die ursprüngliche Waldeseinsamkeit verließ. Dorthin zurück führt kein Weg, auch wenn man die damit aufgegebene Einmütigkeit, Sicherheit, Vertrautheit bedauert. Unsere Kultur muß sich an anderen Kulturen bilden und erweisen, oder sie wird uns unbegreifbar sein.

Öffentlichkeit ist nicht eine Bewegungsform von Kultur, sondern ihre Voraussetzung. Öffentlichkeit, das heißt nicht „eingeschränkte Öffentlichkeit", ein Begriff, der in sich widersinnig ist. Und es heißt auch nicht „Öffentlichkeit für Ausgewähltes".

Selektierte Kultur ist das Gegenteil von Kultur. Wenn die Auseinandersetzungen fehlen oder hinter verschlossenen Türen geführt werden, die Entscheidungen von der Gesellschaft getrennt sind, dann fehlt uns nicht allein dieser Teil, die gesamte Kultur verarmt, verdorrt.

Kultur ist umfänglicher als das, was uns nützlich, bequem, angenehm scheint, und sie stirbt mit jeder Beschränkung. Denn nicht die bewunderte, erfolgreiche Arbeit des einzelnen ist Kultur, sondern die gesamte geistige Arbeit eines Volkes, inbegriffen die Arbeit der Spezialisten, der Künstler. Und in dem Maß, wie diese gesamte Arbeit öffentlich ist, haben wir Kultur.

Ich will hier nicht über Erfolge sprechen, die vorhanden sind, sondern über unsere Mängel. Und nur über einen einzigen Mangel spreche ich, weil ich diesen als außerordentlich beeinträchtigend für unsere Kultur ansehe: die unausreichende Öffentlichkeit.

Wenn wir nicht den ganzen geistigen Reichtum dieses Landes mit allen auch divergierenden Ansichten und Meinungen in unsere Kultur einbringen können, werden wir Boden verlieren, und zwar einen Teil von jenem Boden, auf dem allein Kultur entstehen kann.

Ein Beispiel: das Fernsehen. Ich erwähne dieses Medium nicht, weil ich es für beschränkter, selektiver als andere öffentliche Medien halte, sondern weil das Fernsehen auf Grund seiner Besonderheiten an der eingeschränkten Öffentlichkeit augenfälliger leidet. Es ist ein Massenmedium ohne Massen. Die sterile Auswahl führte zu einem massenhaften Druck auf das Fernsehen, der sich auf Grund der außerordentlichen Situation eines geteilten Landes lediglich als Druck auf den Senderwähler äußert. Ich glaube nicht, daß ein so großer Teil unserer Gesellschaft uninteressiert ist an unserer, das heißt seiner eigenen Kultur — wie es das Fernbleiben der Massen vom Massenmedium Fernsehen den Anschein erweckt. Ich glaube nicht, daß ein großer Teil unserer Gesellschaft uninteressiert ist an dem öffentlichen Verhandeln seiner Probleme und Schwierigkeiten, gelangweilt von seinen öffentlichen Angelegenheiten. Ich glaube jedoch, daß eine eingeschränkte Öffentlichkeit eben keine Öffentlichkeit ist. Und man versagt sich nicht nur massenhaft unseren Medien, sondern das natürlich vorhandene Bedürfnis sucht sich andere Wege. Dies Problem ist nicht allein ein Problem der Medien, sondern unserer Kultur, es ist unser aller Problem. Der Zustand der Kultur meines Landes, seiner Öffentlichkeit, betrifft mich. Als Schreibender bin ich direkt davon abhängig.

Als Lessing, ein Bibliothekar in Wolfenbüttel mit stark eingeschränkter Öffentlichkeit, an einigen Werken arbeitete, die wir heute zu den Grundlagen der deutschen Kultur rechnen, wandten die Zeitgenossen, das mögliche Publikum, an Öffentlichkeit und nicht an Beschränkung interessiert, ihre Aufmerksamkeit dem Kulturleben des westlichen Nachbarn zu, Frankreich. Und Lessing, einer der wichtigsten deutschen Literaten, resignierte. Er muß Bücherlisten kopieren, um sein mageres Bibliothekarsgehalt bangen, da kann er nicht auch noch unerbetene Stücke schreiben.

„Wenn Sie so gütig sind", schreibt Lessing an Ch. G. Heyne in Göttingen, „und glauben, daß ich wohl etwas Besseres hätte schreiben können: so vergessen Sie nicht, daß ein Bibliothekar nichts Besseres schreiben *soll.*"

Sprache und Rhythmus

Die erste Haltung des Menschen der Welt gegenüber war die Sprache. Er setzte die Worte als Zeichen, um sich in der Welt zurechtzufinden. Er sprach, um das, was er sah, zu erkennen und wiederzuerkennen. Die Worte seiner Sprache waren Merkzeichen in einer unbegriffenen Welt, um den Weg zu finden, zum Menschen, zu sich selbst. Er sprach, um zu sehen. Und seine Sprache war anfangs nichts anderes als artikulierter Rhythmus, dessen Laute den Worten und Sätzen vorausgingen und sie bildeten. In dieser ersten Haltung der Welt und der Sprache gegenüber besaßen die Worte und Sätze den Klang, die Farbe und erhellende Bedeutung der Poesie, war Sprache fähig, direkt die Welt zu bilden, um sie zu erschaffen, das heißt das Gesehene wiederzuerkennen und eingreifend zu verändern.

Aber im Lauf der Jahrhunderte häuften sich diese Zeichen für Welt. Und die sie ordnende Sprache und ihre für diese Ordnung notwendige Logik blieben nicht weiter die hilfreichen Merk- und Findzeichen des Menschen.

Zwischen den Dingen und ihren Namen öffnete sich eine Kluft, der Abgrund der Zusammenhanglosigkeit. Um in der ihn verwirrenden Welt sich zurechtzufinden, hatte der Mensch eine ihn schließlich verwirrende Welt geschaffen, die Sprache.

Und der Mensch versuchte erneut, die ihn bedrängende Welt durch seine Arbeit und seine Fantasie zu ordnen und sich unterzuordnen. Über die unzureichend gewordene Sprache hinausgehend, schuf er die Dogmen, die Wissenschaften und die Künste.

Die starren Sätze seiner Dogmen bedürfen bis auf den heutigen Tag der Macht und der Unterdrückung, um die Gültigkeit ihrer Welterklärungen zu behaupten und durchzusetzen.

Die Wissenschaften, die aus triftigen Gründen der Sprache mißtrauten, schufen ein neues System, den Apparat der Begriffe. Sie errichteten ein logisches Korsett, mit dem sie die Sprache nach wechselnden Kriterien bestimmten, um ihre Gültigkeit neu zu setzen und jedem Ding ein Zeichen eindeutig zuzuordnen.

Die Künste aber setzten neue Wirklichkeiten. Sie erfanden Sprachen und künstliche Welten, nicht um der Welt zu entgehen oder sie zu fliehen, sondern um ihrer habhaft zu werden. Diese Welten der Kunst sind bedingt und werden belebt von den verstörenden Erfahrungen mit einer unbegriffenen Welt und den unversöhnten Erinnerungen an die Bilder einer alltäglichen Wirklichkeit, deren Schönheiten und Schrecken ohne die bannende Benennung uns rat- und hilflos machen. Die erfundene Wirklichkeit der Kunst wirkt auf die tatsächliche zurück, erläutert und kommentiert sie, erklärt sie beruhigend und beunruhigend. Sie hebt die alltägliche und darum unsichtbare Wirklichkeit in unser Blickfeld. Sie erhellt (oder verdunkelt und verschönt) eine uns verwirrende Welt.

Der nichtverbale Ansatz der Künste bewirkt die schwer erklärliche Gültigkeit ihrer Bilder und Gebilde, die sie für uns weit über den Tag ihrer Entstehung hinaus besitzt. Auch nach Tausenden von Jahren berührt uns nicht allein die Schönheit der antiken Kunst, sie kann uns noch heute Erkenntnisse über unsere völlig veränderte Welt geben.

Denn auch die der Sprache verpflichtetste aller Künste, die Literatur, schafft uns ihre Bilder, ihre Erfahrung von Welt vermittels ihrer erfundenen Welten, nicht allein durch Worte. Die Literatur beschränkt sich in ihrem Gebrauch von Sprache nicht auf die Bezeichnung und Kennzeichnung, auf Zuordnung, Sinn und Bedeutung. Ihre Erfindungen (jedes künstlerische Produkt ist eine Erfindung und ist — wie jede Erfindung — ein neuer Schlüssel zu unserer Welt; das erklärt den unbefangenen Gebrauch der Kunstprodukte durch ihre Nutznießer und die befangene Hilflosigkeit ihrer unpraktischen Beurteilung, der Kritik) nutzen die ursprünglichen Grundlagen der Sprache, den Vers und den Rhythmus, den Klang der Vokale wie das natürliche Metrum des Atmens.

Sprache war ursprünglich die Malerei von Lauten, Lautmalerei. Jedes Kind erfährt Sprache erstmalig als diesen Komplex einer Aufnahme von Welt. Nicht das einzelne Wort und auch nicht die Bedeutungsinhalte der Sätze prägen und bestimmen die erste Erfahrung mit der Sprache, sondern die Magie des Lauts, die Bezauberung durch den Rhythmus. Das kindliche, ursprüngliche Verhältnis zur Sprache ist ein unbefangenes, jedoch nicht völlig freies Spiel. Der Rhythmus trägt und drängt den Spielenden in die Bedeutung und erweitert diese durch die magischen Bestandteile der Sprache.

Aus diesem Zusammenhang mit der Sprache werden wir durch unser zunehmend rationales Verhalten zur Welt verstoßen. Das Denken mißtraut der Sinnlichkeit der Sprache und reduziert sie auf den Transport von Sinn. Aus der Sprache als einer natürlichen Ausdrucksform des Menschen wurde nun ein logisch gereinigtes und verengtes Ausdrucksmittel unseres Verstandes, in dem der Rhythmus — ihr Ursprung — ausgesondert wurde. Er war für den Verstand unbrauchbar und daher überflüssig; er war überdies durch seine Nähe zum Mythos verdächtig und entzog sich der Berechenbarkeit, der eindeutig erfaßbaren Verwertung und den Kriterien rationaler Erfahrung.

Sprache jedoch ist mehr als das einzelne Wort oder als die Gesamtheit der Worte. Sie ist mehr als der Bedeutungsinhalt aller Sätze. Sprache in ihrer Totalität (also auch mit ihrem ursprünglichen und verlorengegangenen Rhythmus) ist uns allein in der Dichtung erhalten geblieben, in der durch Vers und Rhythmus gebundenen Sprache der Lyrik wie der Prosa. Diese nur hier noch vorhandene Totalität der Sprache ermöglicht den Zauber des poetischen Kunstwerks. Ihrer Magie können wir uns nur schwer entziehen, trotz unseres mißtrauischen Verstandes. Ihre Wirkungen werden uns rätselhaft bleiben, verwunderlich oder erschreckend, solange wir nicht zur Gesamtheit der Elemente der Sprache zurückfinden. Die Magie der poetischen Sprache beruht auf dem genutzten, fast vergessenen und stets vorhandenen Reichtum unserer Sprache.

Worüber man nicht reden kann, davon kann die Kunst ein Lied singen

Zu einem Satz von Anna Seghers

Wir dürfen ja nicht in der Beschreibung steckenbleiben. Denn wir schreiben ja nicht, um zu beschreiben, sondern um beschreibend zu verändern. (*Anna Seghers,* 1932)

Ein spanisches Märchen, der Prinz mit den Eselsohren. Drei gute Feen schenkten dem neugeborenen Prinzen Schönheit, Verstand und Aufrichtigkeit. Und eben die Eselsohren, damit er nicht stolz und übermütig werde. Die Hybris zu wehren. Eselsohren jedoch sind Schande, zwingen zum Verschweigen, Verstummen, zur Lüge. Man verbirgt sie, den Prinzen, die Wahrheit. Schweigen bei Strafe des Todes. Nur ein Barbier bekommt die Eselsohren zu sehen, das Vorrecht des Handwerks. Und die Qual, schweigen zu müssen, droht ihn nicht weniger zu kosten als das Verbot zu reden: Schweigen oder Reden, eins bringt ihn um den Verstand, das andere um den Kopf. Er rettet sich in die Natur und vertraut die Wahrheit dem Wald und den Feldern an. Er hat die Wahrheit gesagt und doch nicht gesprochen. Aber auch die Erde kann das drückende Geheimnis nicht für sich behalten. Die Bäume flüstern es, die Gräser zischeln es, die Winde raunen es. Und die Pfeifen, die sich die Hirten aus dem Rohr schnitzen, blasen unaufhörlich das Lied: Der Prinz hat Eselsohren.

Nun ist die Wahrheit öffentlich geworden, und die Wahrheit verlangt Blutzoll, den Kopf des Barbiers. Da jedoch — es ist ein Märchen — erhebt der Prinz Einspruch. Warum soll der Barbier den Kopf verlieren? fragt er und entblößt seine Ohren, er hat nichts gesagt als die Wahrheit; ich werde auch mit Eselsohren ein guter König. Und im gleichen Moment waren seine Eselsohren verschwunden.

Genannt, gebannt, die Macht des Wortes, die Macht der endlich ausgesprochenen Wahrheit? Ein Märchen von der Kunst, über Literatur? Ich nenne das Übel, die Schuld, das Vergehen, und im gleichen Augenblick ist die Welt verändert, ist sie ohne dieses Übel, diese Schuld, dieses Vergehen. Mehr als das Gold hat das Blei die Welt verändert, sagt ein vergangenes Jahrhundert, und mehr als das Blei in der Zündpfanne das Blei im Setzkasten. Also, scheint es, kommt alles nur darauf an, die Welt zu beschreiben. Und Legenden, nicht weniger wundersam als die der Religionen, sollen die hartnäckigen Zweifler überzeugen: eine Aufführung von Beaumarchais' FIGAROS HOCHZEIT, und der Sturm auf die Bastille begann. Oder gewichtige Zitate gewichtiger Kronzeugen — wie: Einhundert Jahre russische Literatur waren die Revolution vor der Revolution — werden wie geprüfte Wahrheiten gehandelt, obgleich sie nicht mehr sind als höchst angebrachte Verbeugungen und windschiefe Metaphern.

Metaphern sind vage Aussagen mit unüberprüfbarem Wahrheitsgehalt. Wir pflegen uns in sie zu retten, wenn der Sachverhalt weniger erlaubt als unsere Neigung und Ansicht es wünschen.

Nein, Literatur ist wohl ein Reagieren auf Geschichte, aber kein Urheber derselben. Und sie gewinnt nicht an Gewicht, wenn wir ihr falsche Gewichte anhängen. Sie kann uns unterhalten, zerstreuen, belehren und sogar bilden; sie kann erfreuen, ärgern und schockieren; sie vermittelt, und sie erzeugt Kultur; wir können fremde Erfahrungen durch Literatur fast zu den unseren und vermittels ihrer Hilfe eigene Erfahrungen uns verständlich machen. Alle weitergehenden Bewegungen benötigen andere Bedürfnisse, grundlegendere und gründlichere, radikale also, die Liebe etwa oder den Ruhm oder den Hunger. Darüber sprechen Shakespeare und Marx, aber auch ältere Testamente, etwa das Alte. Ich nenne diese drei als Kronzeugen, da sie gewiß nicht in dem Ruf stehen, von der Macht des Wortes nichts zu wissen.

Unser Jahrhundert setzt weniger Hoffnung auf Literatur, wenn es überhaupt noch darauf setzt. Die Bücherverbrennungen sind seltener geworden, und ich fürchte, der Grund dafür liegt nicht in der gestiegenen Achtung vor dem geschriebenen Wort, sondern allein in der erkannten Harmlosigkeit, für die man nicht einmal das Feuerholz opfern will. Zudem kam man auf probatere Mittel: wer Bücherverbrennungen scheut, hat die Möglichkeit, die Manuskripte erst gar nicht drucken zu lassen oder die fertigen Bücher zu ertränken, zu ertränken in einem Büchermeer, das alles verschlingt und allein einige schillernde Blasen und etwas schmutzigen Schaum an die Oberfläche läßt. Dieses Ertränken von Büchern ist ihre nachhaltigste Vernichtung, da alle anderen Arten Aufsehen erregen und dadurch gelegentlich unerwünschte paradoxe Folgen mit sich bringen. Und sie unterscheidet sich von Bücherverbrennungen weniger, als die uns glauben machen wollen, die jene mittelalterlich wirkenden Scheiterhaufen verurteilen und die moderneren und vollständigeren Autodafés praktizieren.

Die großen Sätze über die Wirkung der Literatur kommen uns schwerer über die Lippen als den vergangenen Jahrhunderten. Mag der Bleisatz noch die Bleikugel übertroffen haben, heute, da die Bücher aus dem Computer kommen, der auch die Raketen steuern soll und das einkalkulierte Chaos, finden wir wenig Gründe, auf die friedenserhaltende, kulturbewahrende, vernunftbringende Literatur als die aussichtsreichere Kandidatin zu setzen. Literatur ist nicht militant, selbst dann, wenn sie sich derart gebärdet. Sie erreicht nur den, der sie aufnimmt, sie spricht nur zu jenem, der sie hören will. Die Botschaft der Antigone kränkte keines Kreon Ohr, denn die besaßen durch die Jahrtausende keins für sie. Um so heftiger werden von beiden Seiten die Ausnahmen ausgestellt: Die Worte erscheinen mächtiger und die Mächtigen anrührbar.

Literatur, so lehrt die Geschichte, ist nicht mächtig. Gegen Herrschaft und Unterdrückung ist sie machtlos und kann — wenn sich diese gegen sie selbst wendet — nur in allerdings vielfältigen Maskeraden oder den gleichfalls sehr verschiedenen Formen der Illegalität überleben. Sie gehört nicht zu den waldursprünglichen, primären Bedürfnissen, die auch in den zivilisierten Gesellschaften nichts von ihrer beherrschenden Stellung verloren haben.

(Eine Randbemerkung zur Zivilisation: Wir verstehen darunter die Gesamtheit der durch den Fortschritt von Wissenschaft und Technik geschaffenen und stetig verbesserten materiellen und sozialen Lebensbedingungen. Da diese Verbesserungen der Lebensbedingungen zumindest in zwei Erdteilen höchst fraglich ausfielen, können wir Zivilisation nur mit dem Stand der erreichten Technik gleichsetzen. Und da die technische Entwicklung in allen Staaten der Erde am großzügigsten, rücksichtslosesten und erfolgreichsten in der militärischen Forschung und Industrie betrieben wird und selbst die kleinsten Erfindungen für den zivilen Bereich, etwa den Haushalt, sich nur zu oft als Nebenprodukte der Kriegsforschung erweisen, können wir als genauere Definition formulieren: Zivilisation ist der jeweils erreichte Stand der Waffentechnik samt ihrer zivilen Abfallprodukte und den sich daraus ergebenden materiellen und sozialen Lebensbedingungen der staatsabhängigen Bürger. Soviel zum Zauberwort Zivilisation.)

Literatur hat das Fortschreiten der Menschheit nicht bewirkt. Wo sie ihren Beitrag dazu leistete, hat sie auch ihren Anteil am menschenfeindlichen Fortschritt und der Barbarei. Wenn nach den Kriegen große und bewegende Bücher gegen diese Art des Genozids erschienen, so soll nicht vergessen sein, daß zuvor eine Literatur geschrieben wurde, welches diesem Massenmord Vorschub leistete und ihn begrüßte. Auch die Literatur hat ihren Januskopf.

Sie ist nicht mächtig, die Literatur, sagte ich, sie ist machtlos. Ich vermied zu sagen, sie sei ohnmächtig. Denn wenn ich auch nicht die Euphorie vergangener Jahrhunderte bezüglich ihrer Wirkungen zu teilen vermag, zu behaupten, sie sei ohnmächtig, widerspricht meinen Erfahrungen, den geschichtlichen und persönlichen wie den privaten.

Ich habe jetzt eine Erfahrung zu nennen, die auf den Begriff zu bringen mir schwerfällt. Sie führt zu so komplexen Bereichen wie Literatur und Herrschaft, Sprache und Realität, Poesie und stattfindende Geschichte. Ich will versuchen, diese Erfahrung mit einfachen Worten zu beschreiben, in der Hoffnung, sie auf diese Art zu begreifen, zu erfassen. Anders gesagt: das Wahrgenommene auch aufzunehmen.

Ich bemerkte, daß in der Jetztzeit, also der stattfindenden Geschichte, wie in der Vergangenheit nicht notwendig das Ereignis, der Fakt, das Geschehen selbst als schön oder schrecklich, gut oder schlecht, schädlich oder hilfreich empfunden und bewertet wurde, sondern vielmehr der Bericht darüber. Eine mögliche, vorschnelle Erklärung wäre: Durch diesen Bericht wurde das zu Berichtende öffentlich und konnte daher erst mit dem Erscheinen des Berichts wahrgenommen werden. Meine Erfahrung kann sich damit nicht zufrieden geben, da ich in meiner Gegenwart wie in meiner Vergangenheit — also den mir bekannten Gesellschaften und Kulturen, denen ich verbunden und verpflichtet bin — bemerken mußte, daß wiederholt nicht das berichtete Ereignis, der genannte Zustand es war, sondern der Bericht selbst, die Chronik, die Beschreibung, die zu Aufsehen, zu Erregung, zu Maßnahmen führte. Daß also nicht die Lage unserer schönen und schrecklichen Welt zum Ereignis wurde, sondern der Lagebericht. Mehr noch: Die Lage, der Zustand, das Geschehen konnte allgemein bekannt sein und scheinbar hingenommen werden, das Benennen jedoch, die einfache, literarische oder nichtliterarische Beschreibung, bei der nichts hinzukam, was zuvor unbekannt war, führte zu einem Aufschrei der Freude oder des Schreckens und zu eingreifenden Maßnahmen.

Ich will dafür ein Beispiel nennen: Eine Ehe, über Jahre und Jahrzehnte mehr schlecht als recht geführt, wird urplötzlich aufgelöst. Ihr lange hingenommener Zustand wird eines Tages in Worte gefaßt, und dies reicht aus, um sie zu beenden. Das Benennen eines bekannten Verhältnisses führt zu seiner Auflösung. Eine Wirkung der Beschreibung, nicht der Realität. Die Realität allein blieb folgenlos, aber sie war unbeschreiblich und endete also in dem Moment, wo sie — von einem der Ehepartner, von dem berühmten guten Freund oder auf der berüchtigten Couch des Psychiaters — beschrieben wurde. Das Unbeschreibliche hätte — unbeschrieben — Bestand gehabt.

Oder, weniger privat: Ein Krieg, ein Kriegsgeschehen, ein kriegerisches Massaker, weltweit bekannt und scheinbar hingenommen, wird durch eine Beschreibung so unerträglich, daß nicht allein mehr nur die darin verwickelten Staaten und Menschen betroffen sind. Und obwohl alles allen zuvor bekannt war, löst erst die Beschreibung des Schreckens eine Reaktion aus. Für diesen Vorgang kann jeder von uns die Daten eines konkreten Beispiels einsetzen. Gewöhnlich nutzen wir dabei den Splitter im Auge des anderen, da der Balken im eigenen erst gesehen wird, wenn er beschrieben ist.

Ich nenne dafür ein Beispiel aus der jüngeren Geschichte: Die im Ausland über Nazideutschland bekannt gewordenen Tatsachen trugen wenig oder nichts dazu bei, die deutschen Juden aus ihrer heimatlichen Mördergrube zu retten. Von vielen Ländern wurden die Juden zurückgewiesen, sie blieben unerwünscht. Das Tagebuch eines Kindes namens Anne Frank bewirkte weltweit ein Betroffensein, das — sehr spät, zu spät — zu veränderten Haltungen führte, wenn schon nicht bei den Staaten, so doch bei vielen ihrer Bürger.

Literatur ist machtlos, aber sie ist nicht ohnmächtig. Ich gestehe, daß ich mir leichter erklären kann, warum sie machtlos ist. Sie kann und will nicht unterdrücken und zwingen. Sie besitzt keinerlei Mittel, andere Menschen zu nötigen, sei es durch Waffen und Gewalt oder durch verheißene Karrieren und Geld. Sie kann jederzeit übergangen und nicht wahrgenommen werden, sie ist vielfältig abhängig von nichtliterarischen Interessen der wahrhaft Mächtigen, der Regierungen, der Wirtschaft sowie ihrer Presse. Und trotz alledem besitzt sie eine unüberhörbare Stimme, die uns auch dann zu erreichen vermag, wenn sie nicht heiter und unterhaltsam ist, sondern von einer schrecklichen, erschreckenden Schönheit, die in uns etwas zu bewirken vermag, für die gelegentlich sogar ein Kreon ein Ohr haben muß.

Zum Selbsterhaltungstrieb des Menschen, einer bewußt-unbewußten natürlichen Regung, die ihm hilft, die tödliche Gefahr zu vermeiden, zu umgehen, sich gegen sie zu wehren, gehört auch die Fähigkeit, die unerträgliche Wahrheit nicht wahrzuhaben, die Augen vor ihr zu verschließen. Unsere Welt, unser Jahrhundert ist uns unerträglich geworden; wir nehmen sie nur in dem uns erträglichen Maße wahr, wissend, daß das volle Maß einen jeden von uns unfähig machen würde, in dieser Welt weiterzuleben, das heißt, weiter zu hoffen und zu arbeiten. Wir wissen von einem Kontinent hungernder Kinder, von politischem Mord und Terror, von einer Kriegsvorbereitung, die die Grenzen menschlicher Vernunft überschritt und sich seit Hiroshima scheinbar nach der von Menschen unbeeinflußbaren Logistik von Alpträumen potenziert. Wäre die Welt beständig vor unserem Auge, wir wären nicht fähig, ein Gedicht zu lesen oder auch nur gelassen einen Kaffee zu trinken. Der Selbsterhaltungstrieb bewahrt uns davor, diese Welt wirklich aushalten zu müssen, indem er unsere Sinne mit einem dicken Fell versieht. Eine nützliche zweite Haut, die uns vor dem schützt, was uns zu diesem Leben unfähig machen würde, und ein gefährliches Fell, denn es erlaubt uns, Unerträglichkeiten zu ertragen und damit das Leben insgesamt zu gefährden.

Durch dieses nützliche und gefährliche dicke Fell, das von keiner Schreckensmeldung mehr wirklich durchdrungen wird, welches die uns täglich attackierenden Nachrichten der Agenturen so sehr besänftigt, daß sie uns gerade noch zu einer Geste des Unmuts bewegen, zu einem Kopfschütteln über so viel weltweiten Irrsinn, durch dieses dicke Fell, das uns lebensfähig macht und zugleich für uns lebensgefährlich ist, dringt allenfalls ein Ereignis, das uns so unmittelbar und direkt bedrängt, daß dieser Selbstschutz nicht ausreicht, um uns heraushalten zu können: die Gefährdung des eigenen Kindes und des eigenen Lebens etwa. Diese Harthörigkeit unserer Rasse bedingt, daß nur das persönliche Erleben des Krieges massenhaft zu einem aktiven Kampf gegen den Krieg führt.

Und die gleiche Harthörigkeit läßt die persönlichen Erlebnisse so rasch verblassen, daß auch sie keine weitreichenden Folgen haben. Ich erinnere an eine nach dem Zweiten Weltkrieg weltweit verbreitete Haltung, die in dem Satz kulminierte, daß jede Hand, die nach dem Gewehr greift, verdorren soll. Bereits ein Jahrzehnt später waren die eigenen Erfahrungen im Völkermord, die persönlichen Opfer vergessen. Die Waffenindustrie erblühte und brachte es bis heute zu einem bisher unbekannten und ungebremsten Wachstum. Und in jenen Ländern, in denen die Rüstung ein Geschäft ist, das vom Verkauf und Verbrauch seiner Waren lebt, verdorrten die Hände nicht, die ihre Finger darin haben, sondern wurden vergoldet.

Zu den vielfältigen Definitionen des Menschen will ich noch eine hinzufügen: das Tier mit dem dicksten Fell.

Dies mag auch die Machtlosigkeit von Literatur erklären helfen. Und dennoch wird dieses Fell des Schutzes, der Abwehr, des Desinteresses, des Hinnehmens und Duldens gelegentlich von eben dieser leisen Stimme durchbrochen, gelingt es der Literatur und den anderen Künsten, auf die Nerven des Verstandes wie des Gefühls zu treffen. Sie bewirken dann kleine, nicht zu überschätzende, jedoch nachhaltige Bewegungen und Reaktionen. So geringfügig diese Wirkungen auch immer sind, sie werden — wenn wir von den anderen Künsten absehen — von Worten veranlaßt.

Eine Erklärung, warum der Lagebericht schrecklicher und aktivierender wirkt als lediglich die bestehende, unreflektierte Lage, finden wir in der bekannten Kritik der Hegelschen Rechtsphilosophie von Marx. Dort heißt es: „Man muß den wirklichen Druck noch drükkender machen, indem man ihm das Bewußtsein des Drucks hinzufügt, die Schmach noch schmachvoller, indem man sie publiziert ... man muß diese versteinerten Verhältnisse dadurch zum Tanzen zwingen, daß man ihnen ihre eigene Melodie vorsingt! Man muß das Volk vor sich selbst erschrecken lehren, um ihm Courage zu machen."

Das Bewußtsein des Drucks vermehrt den Druck, sagt Marx. Nach meinen Erfahrungen gilt das Bewußtmachen des Drucks sogar als unerträglicher als der eigentliche Druck selbst.

Die Geschichte kennt Beispiele dieses bewußt gemachten Drucks. Sie belehrt uns auch über das Schicksal jener, die den versteinerten Verhältnissen die eigene Melodie aufspielten. Unsere Erfahrungen bestätigen diese Macht des Wortes.

Dennoch gilt es, eine Einschränkung zu machen. Marx vindiziert die genannte Aufgabe und Wirkung der Sprache der Kritik. Und Kritik ist ein Moment der Kunst, jedoch nicht ihr einziger. Literatur kann unter sehr verschiedenen Aspekten betrachtet werden. Sie ist unter anderem moralisch und aufklärerisch, sie ist Spiel und Spiegel, philosophisch und pädagogisch etc. Und sie ist auch Kritik. Verkürzen wir jedoch Literatur auf einen ihrer Momente, so erhalten wir einen Text mit einer möglicherweise guten, verdienstvollen Absicht, aber keine Literatur. Literatur ist umfänglicher, und was für die Kritik gilt, gilt für sie nur eingeschränkt. Wir könnten jetzt literarische Werke nennen, die eindeutig Literatur sind und große Literatur und die nichts von dem Bewußtmachen des Drucks wissen.

Sprache transportiert Literatur, Sprache ist selbst Material der Literatur, sie ist Literatur. Die Sprache der Literatur hat keine anderen Worte zu ihrer Verfügung als jede andere Sprache auch, also die Sprache der Presse, der Werbung, der Politik. Sie hat mit tausendfach benutzten, abgegriffenen und mißbrauchten Worten zu arbeiten, denen Sinn und Bedeutung und jede Schönheit längst abhanden gekommen sind; sie muß sie wieder beleben, wenn sie selbst existieren will.

Die Sprache der Literatur steht als Thema, wenn wir ergründen wollen, warum Literatur nicht ohnmächtig ist. Aber dieses Thema ist uns nicht hilfreich, denn es führt direkt zur Poesie, zum Poetischen, also zu ähnlich schwer zu begreifenden und zu erfassenden Phänomenen. Wir geraten von einem Geheimnis ins andere.

Sprache erschließt uns die Welt. Sie nutzt die gegebene, sich anbietende Gliederung der Welt und gibt ihr eine sprachliche, das heißt eine menschliche, eine für den Menschen brauchbare, von ihm zu nutzende Gliederung. Diese an Sprache gebundene Gliederung erlaubt es uns, zu erkennen und wiederzuerkennen. Sie erlaubt uns sogar, das nie Gesehene wiederzuerkennen vermittels der sprachlichen Gliederung, die nicht allein das Einzelne und Besondere kennzeichnet, sondern auch Gruppen, Mengen, Gattungen. Das Fremde ist uns dadurch nicht völlig fremd. Wir haben von ihm einen sprachlichen Begriff, der uns einen Zugang verschafft. Die Sprache und das von ihr gebildete und geschulte Denken erlaubt uns ein tatsächliches Déjà-vu, da sie für uns eine Gliederung unserer gesamten Welt bereithalten und uns mit einem ersten Erkennen vor dem ersten Sehen befähigen. Ich sagte einschränkend:

bereithalten, denn der für uns brauchbare Nutzen ist abhängig von der von uns gebrauchten Sprache. Ich erinnere an Humboldts Satz, daß die Verschiedenheit der Sprache eine Verschiedenheit der Weltansichten selbst sei. Eine eingeschränkte, reduzierte Sprache erlaubt kein weites Blickfeld.

Wie die Sprache erschließt uns auch die Literatur die Welt. Jedoch nutzt sie weniger die angebotenen Gliederungen, sondern schafft und erfindet poetische Welten, die von der wirklichen angeregt und bedingt sind, jedoch nicht direkt mit ihr übereinstimmen. Anders als die Wissenschaften, die — der Sprache vergleichbar — die vorhandene Gliederung der Welt aufnehmen und ein Netz von ihr entsprechenden, verifizierbaren Aussagen schaffen, um so eine theoretische, begriffliche Aneignung der Welt zu ermöglichen, sind die poetischen Welten nicht kongruent mit der Wirklichkeit. Sie sind einseitig, extrem subjektiv, voller Widersprüche in sich, höchst unvollständig, mit einem Wort: Fantastereien. Und doch geben sie uns einen Schlüssel zur Welt, sogar zu Bereichen, bei denen andere Weltsichten — die wissenschaftliche etwa — noch versagen, noch nicht in der Lage sind, sie mit Aussagen zu erfassen.

Die fantastischen Welten von Cervantes' DON QUICHOTE, von Kafka und García Marquez vermögen uns unsere alltägliche, schwer oder nicht durchschaubare Welt zu erschließen. Kunst und Literatur arbeiten in ungesichertem Gelände und versuchen seismografisch das neue Land zu erkunden. Ihr Handwerkszeug, die Sprache und die Fantasie, sind uneingrenzbar und jeweils erst nach dem Werk, post festum, zu benennen. Das ganze Verfahren ist erkenntnistheoretisch äußerst fragwürdig, und gegen Platons Satz, die Dichter seien Lügner, ist wissenschaftslogisch nichts einzuwenden.

Die Werke von Cervantes, Kafka, García Marquez sind aussagelogisch nicht verifizierbar oder gar unwahr.

Dagegen aber steht eine Menschheitserfahrung, die bei aller Wertschätzung von Theorie und Wissenschaft, nicht auf die phantastische, künstlerische Weltaneignung verzichten will, sie lebensnotwendig macht. Sie ordnet der Literatur einen anderen Wahrheitswert, eine andere Gültigkeit zu.

Unstrittig bewegt sich die Literatur (wie die Kunst überhaupt) in anderen Bereichen als die Wissenschaft. Beide schließen einander aus. Die fortschreitende Wissenschaft verdrängt die Kunst; die Kunst überläßt alles, was mit beweisbaren Aussagen gefaßt werden kann, der Wissenschaft. Von der Antike bis zur Gegenwart eroberte sich die Wissenschaft ständig neue Gegenstände für ihre Arbeit, die von der Kunst im gleichen Maße aufgegeben wurden. Physik, Chemie, Biologie waren — unter anderem Namen — in einem vorwissenschaftlichen Zeitalter Themen der Kunst und der ihr verwandten Magie, der Vorläuferin der Wissenschaft. Mit fortschreitenden Erkenntnissen wurden sie zu wissenschaftlichen Disziplinen, zu ausschließlich wissenschaftlichen Disziplinen.

Das ungelöste Rätsel ist, so schlußfolgern wir daher, Sache der Kunst; das gelöste oder doch lösbar gewordene Rätsel ein wissenschaftlicher Forschungsbereich. Wovon man nicht sprechen kann, darüber muß man schweigen, weiß die Wissenschaft bekanntlich seit Jahrtausenden von ihrer eigenen Arbeit. Meine Erfahrung mit Literatur sagt: Worüber man (noch) nicht reden kann, davon kann die Kunst ein Lied singen.

Heute, da die Wissenschaften allgegenwärtig sind, verbleiben uns nur noch sehr wenige ungelöste Rätsel als Objekt und Feld der Kunst. Die einzigen Bereiche, in denen nach meiner Ansicht die Wissenschaften nicht oder nur zu höchst unvollkommenen Erkenntnissen kamen und die somit als terra incognita, als unbekanntes, mythisches, widersprüchliches Land der Kunst verblieben, sind der Mensch und die menschliche Gemeinschaft. Hier kann die Literatur mit den merkwürdigen Sonden der Fantasie und den Seismografen der Sprache forschen, erkunden, entdecken. Denn stets handelt es sich in der Literatur um Entdeckungen, um das Sehen von bisher Ungesehenem, um das Beschreiben des Ungenannten. Alles andere ist Makulatur.

Schreiben heißt also für mich: die von anderen menschlichen Erkenntnismöglichkeiten nicht beschreibbaren Zustände und Vorgänge zu erfassen und zu benennen, sie sine ira et studio zu verzeichnen. Schreiben, um zu beschreiben, beschreiben, um weiterarbeiten zu können, um hoffen zu können. Auch um auf Änderungen, Veränderungen hoffen zu können. Denn alles Bestehende hat Wert, wenn es änderbar ist. Das Benennen, das Schreiben ist noch nicht der verändernde Zugriff auf die Welt, aber es ist die erste Voraussetzung aller Veränderungen.

Über Friedrich Dieckmann

Einer Betrachtung der zeitgenössischen Kunstkritik zu Beethovens Oper FIDELIO hängt Friedrich Dieckmann die Bemerkung an: „Ihre Fehlurteile waren immerhin stilistisch erfreulich; die Rezensenten, so befangen oder verkehrt ihre Urteile sein mochten, drückten sich selbst aus, und sie taten es in der Regel ... anschaulich."

Dieckmann konstatiert hier mit einer freundlichen Wendung eben jenes Attribut, mit dem die Geschichte hartnäckig und anhaltend den Kunstkritiker der Zeitgenossen zu kennzeichnen pflegt und das weniger betroffene und mehr triumphierende Nachfahren gewöhnlich als höhnisches „Sie irrten sich, Herr Kritiker" ihm nachrufen.

Diese anscheinend nicht zu durchbrechende Neigung oder Pflicht zum Irrtum läßt uns fragen, warum die so überzeugend dargelegten Verdikte über Kunstwerke, diese wohlgegründet scheinenden Massive an Urteilen, die ohne den Makel der Unsicherheit vorgetragenen, unumstößlichen Richtersprüche so schnell zerbröckeln und ihren Urheber, den Rezensenten, kaum zu überleben vermögen.

Der naive Betrachter dieses Feldes — ein Feld von Geröll, den Resten eben noch unvergänglicher Monumente der Kritik — wird an der Kunstwissenschaft grundsätzlich zweifeln und sich, so er von der Kunst nicht lassen will, ihr unberaten ausliefern müssen. Er wird verzichten auf Lehrmeinungen und das alles begradigende Beil der Kritik, die ihm hilfreich einen Weg durch die unfaßbare, weil begrifflose moderne Kunst zu ebnen trachten; er verzichtet, da die Historie ihn belehrte, daß diese Urteile allein für die Zeitung, nicht aber für die Zeit gültig sind; er lehnt dankend ab, weil sich die Kunstwissenschaft und -kritik in der Geschichte und vor ihr gründlich desavouierte. Kunstwissenschaft, Literaturwissenschaft, sagt er, sind nicht möglich. Bereits die Begriffe sind in sich widersprüchlich, denn wie kann es eine Wissenschaft geben, also logisch-systematische Erkenntnis, über Dinge, die sich jeder Systematik und Logik vorsätzlich entziehen, die nur existieren, soweit sie die sicheren Grenzen, die ein wissenschaftliches Gebäude zu bieten hat, überschreiten. Und er verweist uns auf das traditionell gestörte Verhältnis der Autoren und Künstler zur Kunstwissenschaft und Kritik.

Poesie und Kunst, sagen Goethe und Hegel, enden an den Grenzen, an denen Wissenschaft beginnt; in dem Maße, wie Wissenschaft sich ausbreitet, verlieren sie an Grund und Boden. Was Wissenschaft erfassen kann, verwandelt sich möglicherweise in das Gold wahrer, vollständiger und widerspruchsfreier Aussagen, nur ist es nicht mehr Kunst, was sie dann in den Händen hält. Die Wissenschaft von den Künsten kann sich auf die Geschichte stützen und die vollzogenen Bewegungen und Sprünge ins System bringen, sie kann aus den Kunstwerken der Vorfahren die Regeln der Kunst filtrieren, doch gelten diese Regeln allein für die überkommene Kunst. Das Regelwerk der Gegenwart kann erst nach den Kunstwerken aufgestellt werden, gültig also allein vor den Nachfahren, und für die Kunst unserer

Nachfahren dann ebensowenig gültig. Wäre es anders, so könnte man — wie für den wissenschaftlichen Nachwuchs — Schulen errichten, in denen Lernwilligen ein Begriffs- und Regelapparat eingetrichtert wird, der sie befähigt, Kunstwerke zu erzeugen. Ein lebensfremder und kunstfeindlicher Gedanke.

Die Kunstwissenschaft kann die Kunst der Zeitgenossen registrieren, um das fortgesetzte Überschreiten und Umstürzen aller bisherigen Ästhetik wahrzunehmen; wo sie sich unterfängt zu urteilen und zu werten, bricht sie den Stab über sich selbst. Kunst- und Literaturwissenschaft können nur in der Geschichte und mit ihr zu überprüfbaren Aussagen kommen, zu jener Gewißheit über ihren Gegenstand, die wir als Erkenntnis bezeichnen, und die dem ersten Gebot jeder Wissenschaft genügt, nämlich wahr oder falsch zu sein. Verlassen sie die Geschichte, so geben sie zugleich jeden Anspruch auf Wissenschaft auf. Ihre Aussagen — ob kritisch oder billigend, eloquent oder stilistisch erfreulich — werden beliebig und wissenschaftlich enthaltsam, sie werden falsch. Eine solche Wissenschaft kann sich dann noch politisch verstehen, in Wahrheit ist sie bereits Kunst- und Literaturpolitik. Und ihr Urteil ist dieser Funktion untergeordnet: sie kann den *guten Geschmack* vertreten, der sich gewöhnlich von der Ästhetik eines vergangenen Jahrhunderts herleitet; oder den *herrschenden Geschmack*, also Polizeiaufgaben übernehmen, die Zensur; oder den *ästhetischen Geschmack*, was sie nötigt, Witterung aufzunehmen und auf die eingeschlagene Fährte zu setzen, als sei sie die Spur des Zeitgeists. In jedem Fall ist sie nicht mehr Wissenschaft, sondern muß mit Glaubenssätzen operieren.

Der Kunstwissenschaftler wird zum Geisterseher, zum Spökenkieker. Seine Wissenschaft ist dann der

Metaphysik zuzuschlagen, was sie für die Kunstbetrachtung nicht unbedingt ungeeignet macht, da doch
nach Nietzsches bedenkenswerten Ausführungen
Kunst die Welt nicht nachahmt, die Natur nicht nachbil-
det, sondern eine metaphysische Ergänzung und Ver-
vollkommnung derselben ist, um sie zu begreifen und
zu überwinden.

Soweit der naive Betrachter. Und er verweist uns
zum Schluß auf eine Bemerkung Walter Benjamins, der
da meint, daß diese Wissenschaft der schönen Künste,
die „Schöne Wissenschaft", anstatt ihrer Epoche mit
einer adäquaten Durchforschung des Gewesenen zu
dienen, nun den Ehrgeiz habe, es an Informiertheit mit
jedem hauptstädtischen Mittagsblatt aufzunehmen.

„Das ganze Unternehmen", schreibt er, „ruft für den,
der in Dingen der Dichtung zu Hause ist, den unheimli-
chen Eindruck hervor, es käme in ihr schönes, festes
Haus mit dem Vorgeben, seine Schätze und Herrlich-
keiten bewundern zu wollen, mit schweren Schritten
eine Kompanie von Söldnern hineinmarschiert, und im
Augenblick wird es klar: die scheren sich den Teufel
um die Ordnung und das Inventar des Hauses; die sind
hier eingerückt, weil es so günstig liegt und sich von
ihm aus ein Brückenkopf oder eine Eisenbahnlinie be-
schießen läßt, deren Verteidigung im Bürgerkriege
wichtig ist. So hat die Literaturgeschichte sich hier im
Haus der Dichtung eingerichtet, weil aus der Position
des *Schönen* der *Erlebniswerte* des *Ideellen* und ähnlicher Ochsenaugen in diesem Hause sich in der besten
Deckung Feuer geben läßt."

Wir werden dies alles nicht hinnehmen müssen, ge-
schweige denn annehmen, und fragen unseren naiven
Betrachter nach Möglichkeiten für die Literatur- und
Kunstwissenschaft. Denn auch er wird zuzugestehen
haben, daß — wo alle menschliche Tätigkeit und Entäu-

ßerung der wissenschaftlichen Betrachtung anheimfiel — nicht ausgerechnet ein Gegenstand ausgenommen bleiben kann, der über ein paar Jahrtausende ein Publikum zu interessieren vermochte.

Was vermag und was sollte eine Wissenschaft, die — wenn sie sich nicht mit der Historie begnügen will — einen sich jeder Wissenschaft, jeder Systematik entziehenden Gegenstand zum Objekt hat.

Zeitgenössische Kunst ist die Kunst von Zeitgenossen. Die Banalität der Bemerkung verlangt eine Erläuterung. Wie die Geschichte uns belehrt, ist das Kunstwerk im Unterschied zu allen anderen menschlichen Werken auch nach erfolgter Arbeitsteilung nicht notwendig das Produkt eines Spezialisten, eines professionellen Künstlers. Umgekehrt läßt die Geschichte nur wenige Produkte sehr weniger Spezialisten der Kunst als Kunstwerk gelten.

Immer wieder kamen auf eine erstaunte Nachwelt Kunstwerke, deren Urheber von ihrer Mitwelt nicht wahrgenommen wurden, die Außenseiter waren, Dilettanten. Der Vorgang ist erklärlich: das Vermögen, sich künstlerisch zu äußern, ist jedem Menschen gegeben; in jedem Menschen besteht ein Bedürfnis, seine Haltung zur Welt zu bekunden. Dieses Bedürfnis ist für ihn um so bedrängender, je weniger der Stand der Zivilisation es zuläßt, diese Haltung in eine klare, beweisbare Aussage zu bringen. Wenn er sich zu für ihn Unfaßbarem verhalten muß und es nicht vorzieht, Gott als Prämisse in seine Hilflosigkeit einzubauen und so den Trost der Religion zu genießen, dann verbleibt ihm allein, den ihn bedrängenden Zustand künstlerisch auszudrücken.

Andererseits hat jeder Staat für ein intaktes Gemeinwesen zu sorgen und wird daher bestrebt sein, die Kunst zu begrenzen, und die fürs Gemeinwohl nützlicheren Fähigkeiten der Mitglieder der Gesellschaft zu fördern. Dies gelingt jedem Staat mit einer Vielzahl von Maßnahmen: eine von ihnen ist es, den Künstler als Spezialisten auszustellen, der beispielhaft für die Gemeinschaft eben jenes zu äußern aufgefordert ist, das die Gemeinschaft anders nicht ausdrücken kann und an dessen Ausdruck ihr dennoch gelegen ist. Der Genuß an der Kunst, dem Kunstwerk, hilft damit dem Individuum, sein eigenes Bedürfnis, sich künstlerisch auszudrücken, in einem fremden Bedürfnis erfüllt zu sehen, es in ihm aufzuheben oder zu verdrängen.

Und hier liegt einer der Gründe für den Auftritt des Außenseiters, des Dilettanten in der Kunst, für die Produktion von erst der Nachwelt erkennbaren Kunstwerken. Der Spezialist ist vielfältig bedrängt, seine Arbeit vollzieht sich in Widersprüchen, in Kollision mit Wirklichkeit, Tradition und Publikum. Dem letzteren, dem Publikum, dem Zwang zum Erfolg, verweigert sich der dilettierende Künstler. Das ist kein gefahrloses Verweigern, die Kosten sind nicht gering. Jedoch der nach Feierabend malende Zöllner, der nächtlich schreibende Kanzlist geraten, indem sie der Konfrontation mit dem Publikum ausweichen, nicht in Gefahr, das aufzugeben, was sie allein zum Kunstprodukt befähigt, nämlich sich selbst als Zeitgenossen.

Sich seiner Zeit stellen mit all ihren Beschränkungen, Bedrängungen, Verunsicherungen, Unzulänglichkeiten, das macht den Zeitgenossen aus, das macht ihn fähig, die Ambivalenz seines eigenen Lebens zu ertragen und zu bestehen. Erst dieser Zeitgenosse ist zu einer wirklich künstlerischen Äußerung befähigt wie auch zu einer adäquaten Betrachtung eines Kunstprodukts.

Der Kunstwissenschaftler, der sich der Kunst seiner Zeitgenossen nähern will, hat nur eine Bedingung zu erfüllen, er selbst muß sich als Zeitgenosse begreifen, muß das Vermögen besitzen, seiner Zeit standzuhalten. In einem seiner Essais spricht Dieckmann über die Verpflichtung des Wissenschaftlers für die Folgen seiner Arbeit. Er benennt die Verantwortung, den *Anspruch an die sittliche Existenz des Gelehrten* mit einem Fichte-Zitat, und die folgenden Worte verdeutlichen, es sind die Aufgaben und Verpflichtungen eines jeden, der den Anspruch hat, ein Zeitgenosse zu sein: „Es ist ein stärkender, seelenerhebender Gedanke, den jeder unter Ihnen haben kann, welcher seiner Bestimmung wert ist: auch mir an meinem Teile ist die Kultur meines Zeitalters und der folgenden Zeitalter anvertraut; auch aus meinen Arbeiten wird sich der Gang der künftigen Geschlechter, die Weltgeschichte der Nationen, die noch werden sollen, entwickeln. Ich bin dazu berufen, der Wahrheit Zeugnis zu geben; an meinem Leben und an meinen Schicksalen liegt nichts; an den Wirkungen meines Lebens liegt unendlich viel. Ich bin ein Priester der Wahrheit; ich bin in ihrem Solde; ich habe mich verbindlich gemacht, alles für sie zu tun und zu wagen und zu leiden. Wenn ich um ihrer willen verfolgt und gehaßt werde, wenn ich in ihrem Dienste gar sterben sollte — was tät ich dann Sonderliches, was tät ich dann weiter als das, was ich schlechthin tun müßte?"

Wenn wir erhaben sein wollen, bemerkte Robert Walser einmal, pflegen wir gewöhnlich pathetisch zu werden. Fichtes Worte sind gewiß erhaben, pathetisch leider nicht. Der wohl bedeutendste und beispielhafteste Kunstwissenschaftler der Deutschen in unserem Jahrhundert hat die Forderung Fichtes bis zum bitteren Ende erfüllt, erfüllen müssen: Walter Benjamin.

Ich sprach über die Möglichkeiten der Kunstwissen-.schaft, ihre außerordentliche Stellung innerhalb der Wissenschaften, über die Verpflichtung des Kunstwissenschaftlers, vornehmlich sich als Zeitgenosse zu begreifen, sich seiner Zeit zu stellen. Ich sprach über Friedrich Dieckmann.

Es war nicht notwendig, die Arbeiten Dieckmanns aufzuzählen, sie sind bekannt. Seine Essais müssen von mir nicht rezensiert werden, ihr Wert ist unstreitig; eine Kritik der Kritik, das wäre Scholastik.

Notwendig aber war, das aussichtslose Unterfangen der Kunstwissenschaft zu skizzieren, sobald sie sich auf zeitgenössische Kunst einläßt, um auf dieser Grundierung Dieckmanns Leistung begreifen zu können. Ein fortgesetztes Bemühen um das Kunstwerk und den Künstler, erfassend aus der Geschichte und bemüht, nicht einfach Verlängerungen in die Jetztzeit, die stattfindende Geschichte zu ziehen, sondern sensibel die neuen Bewegungen zu erkennen, nicht allein diskursiv, sondern auch intuitiv sie zu registrieren, das ist der mir erkennbare Grundsatz seiner Arbeit. Was ihn auszeichnet, ist, in der Betrachtung des Kunstwerkes nicht mit gesicherter Weisheit zu urteilen, sondern mit seiner reichen Bildung und dem Reichtum der eigenen Erfahrung die Stimme des konkreten Kunstwerkes zu erkennen und zu benennen.

Bemerkenswert ist die Vielfalt Dieckmanns. Er ist ein Autor, der — um mit ihm zu sprechen — „Fühlung zu mehr als einer Kunstsphäre" aufnahm. Es ist bemerkenswert, weil es ungewöhnlich und selten wurde, sich in den verschiedenen Genres der Kunst auszukennen, das heißt sich um sie zu bemühen. Und ich denke, Dieckmann selbst wird es nicht als ungewöhnlich empfinden. Und das zurecht, denn er weiß, daß nur ein möglichst universales Aufnehmen der Künste und Kunstwerke ihn dazu befähigt, über ein einziges dieser Werke zu sprechen. Nur so kann er der didaktischen Funktion der Kunstwissenschaft gerecht werden, die nach Benjamin ihre erste Aufgabe ist. Didaktisch, vermittelnd also, das ist unvereinbar mit Jurisdiktion, zu der sich die Kunstwissenschaft und Kritik häufiger berufen fühlt. Eine umfassende Kenntnis des Gewesenen, des Vorhandenen in seinem geschichtlichen Feld, sowie das persönliche Engagement, ein Betroffensein von seiner Zeit, das macht den Zeitgenossen aus, das allein ermöglicht ein adäquates Erfassen der Produktion der Gegenwart, der Produkte wie des Produzierens.

Um Kunstwerke begreifen zu können, muß man Zeitgenosse sein — dies vor allem, meine ich, vergegenwärtigt uns die Arbeit Dieckmanns. Es ist eine seltene Fähigkeit und Bereitschaft, in Deutschland war es stets eine sehr seltene.

Zwei Sätze zu Thomas Mann

1.

Giorgio Manganelli eröffnet eine Betrachtung des Frühlings in Rom mit den folgenden Worten: „Während ich schreibe, im selben Augenblick, also um 10 Uhr 37 eines römischen Vormittags, wird die berühmte und berüchtigte Hauptstadt von einer bezaubernden, versilberten Sonne geküßt, die als spätwinterliches Medaillon an einem zerbrechlichen blaßblauen Himmel hängt; dieser Himmel ist Rekonvaleszent, hat ein Plaid auf den Knien, ein ausgemergeltes Intellektuellengesicht und ein ungelesenes Buch aufgeschlagen in der Hand — vermutlich Thomas Mann, denn der eignet sich wohl am besten zum Aufschlagen und nichtlesen ..."

Zur Literatur, zur Kunst gehört nahezu unvermeidlich ein Vorgang, der wenige Jahrzehnte nach dem Tod des Künstlers oder der Zeit seiner wichtigsten Produktionen einsetzt. Scheinbar unvermutet beginnt eine radikale Umwertung der Person und des Werkes. Und je heftiger und eindeutiger sie zuvor war, um so energischer wird dann die gegensätzliche Sicht vorgetragen; nicht unisono, doch einen Diskant besaß auch der frühere Chor.

Die neue Beurteilung ist nicht von Dauer. Wiederum Jahrzehnte später setzt sich eine Meinung fest, welche nach den bisherigen Erfahrungen einigermaßen Bestand hat.

Dieser Vorgang verdeutlicht, daß Kunstprodukte nur bedingt toter, geronnener Arbeit gleichzusetzen, daß sie nicht endgültig sind, sondern in Abhängigkeit vom Leser und Betrachter jeweils neu entstehen und scheinbar anderes zu sagen haben. Er bezeugt, daß das Urteil des Publikums ein wenig von dem Werk und sehr stark vom Zeitgeist bestimmt ist. Und schließlich beweist er, daß Kunst- und Literaturwissenschaft als Wissenschaften nicht möglich sind, da ihr Gegenstand sich ihnen fortgesetzt entzieht, um ihnen in ständig wechselnder Gestalt entgegenzutreten und die eben begründeten Urteile der nun allen offensichtlichen Unstimmigkeit zu überführen. Diese Wissenschaften, mit ihren wechselnden Meinungen selbst an den häufigen Umwertungen beteiligt, sind daher nur als Kunst- und Literaturhistorie mit Anspruch zu betreiben.

Und nun, so meine ich nicht nur bei Manganelli zu sehen, haben die Zeiten soeben für Thomas Mann gründlich gewechselt. Aus einem der geliebtesten und gelesensten Schriftsteller seiner Zeit schuf sich unsere Zeit einen zwar schätzenswerten, aber kaum lesenswerten Autoren.

„Thomas Mann ... eignet sich wohl am besten zum Aufschlagen und nichtlesen." Die Formulierung drückt Respekt aus. Es ist der Respekt, der es nicht erlaubt, die Leistung Thomas Manns einfach beiseite zu schieben und zur (aktuellen) Tagesordnung überzugehen, etwa zu den neuen, zeitgemäßeren Göttern. Dieser unfreiwillige, von seinem Werk erzwungene Respekt machte aus dem geliebten und geachteten Autor einen geachteten Ungeliebten. Thomas Mann ist so gewichtig, daß er uns immerhin bedrückt.

2.

Das Beispiellose, das uns beispielhaft sein kann — das ist es, was uns Nachfahren am erbrachten Werk produktiv interessiert. Thomas Manns Leistung macht betroffen: Ihm gelang es, entgegen den gutbegründeten Voraussagen, noch im 20. Jahrhundert ein geschlossenes Universum der Dichtung zu schaffen, vollständig aus sich, in sich widerspruchsfrei, mit sich identisch. Ein solches Werk, in Deutschland zuletzt eineinhalb Jahrhunderte zuvor geschaffen, schien *vor* Thomas Mann undenkbar. In ihm wird auch das, was er selbst den von ihm geleisteten „Zeitdienst" nennt, poetische Confessio. Und selbst Nebenarbeiten und Mißlungenes, eine verunglückte Novelle etwa, sind unverzichtbarer Bestandteil dieses Werkes. Ein Werk, das nicht allein aus Romanen, Erzählungen, Essais besteht, sondern in dem die einzelne Dichtung einen Teil jenes abgeschlossenen und umfassenden Universums darstellt, das wir mit dem Namen Thomas Mann bezeichnen, dessen Name wiederum sein Jahrhundert, seine Zeit zu bezeichnen imstande ist.

Einzigartigkeit, das ist auch ein Verstoß gegen die Zeit, ist also das, was wir anachronistisch zu nennen uns gewöhnten. Thomas Mann war ein Anachronismus, nicht nur in der Kreativität, er wußte selbst darum. Und er arbeitete um so heftiger und unbeeinflußbarer. Er arbeitete in bester Gesellschaft, und seine erstaunliche Produktivität ertrug diese Einsamkeit nicht nur, er machte sie für sein Werk fruchtbar.

Beispiellos war er gewiß, was viel bedeutet und doch nicht viel sagt, da jeder Künstler ohne Beispiel ist oder sein sollte. Beispielhaft war er nicht, konnte er nicht werden, da jedes seiner Werke nur in Harmonie mit der Sphäre seines Universums denkbar ist und zu schaffen war. Auch hierin war er ein Anachronismus. Wo Prometheus uns Sterblichen ein Beispiel sein kann, wir ihn uns identisch zu machen vermögen, muß Zeus beispiellos bleiben. Denn keiner der Zeitgenossen und Nachfahren kann ein künstlerisches Credo in der gleichen Aufrichtigkeit, Entschlossenheit und mit der Fähigkeit, es fast leichthin einzulösen, so unbedingt formulieren wie Thomas Mann, der Motor und Energie seiner Produktion, den Horizont seines Anspruchs und den Umfang seiner vereinnahmten Welt und seiner geschaffenen Welt nennt, wenn er sagt: „In mir lebt der Glaube, daß ich nur von mir zu erzählen brauche, um auch der Zeit, der Allgemeinheit die Zunge zu lösen, und ohne diesen Glauben könnte ich mich der Mühe des Produzierens entschlagen."

Und dennoch, da es ein menschliches Werk ist, muß Thomas Mann uns beispielhaft sein, denn sein Werk zeigt eine Menschen-Möglichkeit.

Waldbruder Lenz

And these external manners of lament
Are merely shadows to the unseen grief.
(*Shakespeare:* Richard II., IV/1)

1

In einem italienischen Comic fand ich dies Jahr folgende Geschichte: Ein Landstreicher erklärt einem ältli-
chen Priester des Vatikans die biblische Schöpfungsge-
schichte, wonach die Erdkugel ein Wollknäuel ist, welches Gott aus dem Schoß gefallen sei und nun
langsam von ihm wieder aufgerollt werde. Unser Leben
sei insofern rückläufig, die Vergangenheit, unsere Zukunft und das Finale der Welt absehbar, es hänge am
Fadenende. Auf die Frage des entsetzten Priesters, wo
denn, bei Gott und allen Teufeln, dies in der Bibel
stünde, entgegnet der Landstreicher: So direkt steht es
natürlich nicht drin. Aber du bekommst es sehr schnell
mit, wenn du verstehst, zwischen den Zeilen zu lesen.

Die Technik des Witzes ist bekannt: Die uns vertrauten Verhältnisse werden in unverhältnismäßige Beziehungen gesetzt, das Komische entspringt dem schiefen Blick auf einen geläufigen Umstand. Die Bibel verfiel dem 20. Jahrhundert und wird nicht anders
angesehen als jeder moderne Text: Man liest nicht,
sondern kommentiert. Man bekümmert sich nicht um
die gedruckten Mitteilungen, sondern sucht zwischen
den Zeilen. Und dort steht in der Tat alles; alles jedenfalls, was man zu finden wünscht. Die Sprache, so
grundsätzlich als Maskerade verdächtigt, kann Sinn
und Bedeutung nicht an den Mann bringen, wenn die-

ser nicht bereit ist, sie überhaupt wahrzunehmen und sich statt dessen um die Leerzeilen bemüht und in ihnen auffindet, was immer er zu wünschen sucht. Sklavensprache ist der Terminus, der diesen Vorgang benennen soll: Angewiesen auf Verständigung und die Sprache der Herrschenden, kommunizieren die Beherrschten mit den Worten eben dieser Sprache, denen sie jedoch eine andere, nur ihnen vertraute Bedeutung beilegen. „Wenn ich ein Wort benutze", läßt Lewis Caroll seinen Humpty Dumpty erklären, „dann hat es die Bedeutung, die ich ihm zu geben beliebe — nicht mehr und nicht weniger." Und auf Alices Einwand, ob er imstande sei, ein Wort so viele verschiedene Dinge bedeuten zu lassen, erwidert Humpty Dumpty selbstbewußt: „Es geht nur darum, wer in diesem Fall der Herr ist. Das ist alles."

Es ist, sehen wir, eine Frage von Herrschaft, nicht von Poesie. Der Terminus Sklavensprache gehört zum politischen Vokabular: Er benennt den sozialen Stand des Sprechenden als den eines Ohnmächtigen, Unterdrückten, Versklavten. Er verweist auf einen Code, mit dessen Hilfe sich gleichartig Entrechtete verständigen und zu dessen Entschlüsselung die gleichartige soziale Erfahrung Vorbedingung ist.

Dadurch ist Sklavensprache aber auch eine — unausgesprochene — Übereinkunft mit den Herrschenden, ein Abkommen der unterdrückten Sprachmächtigen mit den Mächtigen. Die tatsächlichen Zwänge werden durch ein Benennen, das in den Grenzen des Unausgesprochenen bleibt, verzaubert, beschönigt, scheinbar aufgehoben: Sklavensprache als nützliches Ventil für Herrschaft über Sklaven.

Für die Betrachtung von Literatur ist dieser Terminus also unbrauchbar. Das Märchen ist keine politische Parabel, die zu entschlüseln wäre; versuchen wir es dennoch, wird das Märchen es überstehen, jedoch für uns verloren sein. Die Möglichkeit sozialer Verwendung mag uns brauchbar erscheinen und als Entschuldigung für ein ökonomisch nicht verwertbares Produkt dienlich sein, eine Nutzensberechnung der Poesie ergibt ein Manko.

Das Mißverständnis, Literatur zu lesen, als handele es sich um Mitteilungen in der Sklavensprache, geschrieben in der Sprache von Sklaven, hat zwei Ursachen. Jedes poetische Werk ist in seiner Gesamtheit auch Metapher: Es meint mehr als das allen Offenbare, es greift umfänglicher. Wenn Literatur heißt, möglichst viel Welt ins poetische Bild zu bringen, wie Hegel verkürzt aus dem Shakespeare schließt, so zielt jedes Kunstwerk, gleichgültig, was sein unmittelbarer Gegenstand auch sei, immer auf die Welt, auf den Weltteil, den seine Metapher erhellt. Das poetische Bild trägt die Metapher in sich: Ohne Welt bleibt die Arbeit Makulatur.

Freilich, um einem anderen, aktuellen Mißverständnis vorzubeugen, die Herstellung von Makulatur ist seltener und häufiger, als man landläufig annimmt. Formalistische, absurde und Nonsensliteratur haben umfängliche, jedenfalls genau bezeichnete und erkennbare Weltsichten. Mögliche Schwierigkeiten beim Verständnis sind nicht der Willkür des Autors geschuldet, sondern entstehen aus dem Riß der Betrachtung, der anderen Anschauung, des unterschiedenen Sozialverhaltens. Andererseits entsteht aus der freundlichen Absicht, eine aus den Fugen geratene Welt zurechtzubiegen, um sie ins poetische Bild zu bringen, unausweichlich Makulatur. Ein gelegentlich verhängnisvoller Irrtum: In Kriegszeiten erhält man von der Frontbetreuungstruppe den schönsten Lagebericht, nicht unbedingt den hilfreichsten.

Da also Poesie sich als Metapher behauptet, die sich nicht begnügt, weniger zu meinen als die Welt, setzt oberflächliche Betrachtung diesen mitlebenden Hintergrund der Literatur, der nicht in verifizierbaren Aussagen, sondern allein in der sich allen Protokollen entziehenden Poesie erscheint, vorschnell jenen versteckten Bedeutungen gleich, die zu benennen und gleichzeitig zu verbergen die Sklavensprache sich müht. Eine übliche und folgenreiche Verwechslung, mit der zu kokettieren sich durch die Jahrhunderte nicht wenige Schriftsteller befleißigten, zumal ihre Wirkung der Literatur einen scheinbar höheren gesellschaftlichen Rang zuwies, in Wahrheit sie zur Staatsintrige werden ließ. Dieses Mißverständnis nutzend, läßt — sehr vergnüglich zu betrachten — Pietro Aretino die Landes- und Kirchenfürsten an den aufreizenden Wendungen seiner Sprache wie Marionetten zappeln. Hier liegt auch eine der Ursachen für die umfänglichen und geschwätzigen Autorenvorworte im 17. und 18. Jahrhundert, die — devot und zwiegesichtig — die ökonomisch heillosen Verhältnisse der Literaten gelegentlich verbessern konnten, welche zuvor durch ihre Literatur ruinös geworden waren.

Nicht allein, daß aus diesem Mißverstehen heraus durch die Jahrhunderte eine dumme, weil angemaßte Verfolgung einsetzte, die der Produzenten von Literatur durch die jeweiligen Machthaber; nicht allein, daß — bewirkt durch aufsehenerregende Maßnahmen der für die Kunst vorgeblich zuständigen Beamten — auch das Publikum gelegentlich diesem Irrtum verfiel und zeitgenössische Literatur las wie die Briefe von Geheimbündlern, begierig nach Kassiberinformationen, bei denen, so befragt, die Kunst hilflos ihre Unzuständigkeit erklären mußte und zu Recht von dem aktuellen Tableau gefegt wurde und sehr zu Unrecht unter den

Tisch fiel; das wirkliche Opfer dieses Irrtums war und ist die Poesie selbst.

Spätestens hier wird deutlich, daß das postulierte Mißverständnis als Erklärung untauglich ist. Eine beamtete Ansicht läßt sich damit ausreichend erklären, kaum aber das Verstummen, der Stillstand einer gesellschaftlichen Funktion. Wie es scheint, hat die Literatur von Zeit zu Zeit noch andere Aufgaben zu erfüllen, muß sie sich Angelegenheiten stellen, die nicht die ihren sind, muß sie in einem Feld sich behaupten, welches siegreich zu verlassen ihr keinen Gewinn bringt.

Gewiß ist die Poesie eine Angelegenheit des Volkes, und zwar eine öffentliche (eine Tautologie, ich weiß). Das Volk wird, wenn immer ihm die Öffentlichkeit genommen ist, bemüht sein, sie wiederum zu erlangen. Ein Kampf, der auch für die Poesie geführt wird, aber nicht ihretwegen. Es geht vielmehr um den Fortbestand des Menschen als Gemeinschaftswesen, wodurch Fortschritt und alle Kultur erst ermöglicht werden. In solch verzweifelten Zeiten hat, wie die Geschichte zeigt, sich die Poesie diesem umfänglicheren Kampf aufzuopfern und sich mit ihrer Sprache der kämpfenden Partei unterzuordnen. Sie muß schlau werden und listig, kühl kalkulierend und auf Wirkung bedacht, sie muß sich selbst aufgeben. Ihr (zeitweise) völliges Verstummen ist ein Mangel ihrer Tugend: die Unfähigkeit zum Kompromiß.

Die erzwungene Privatisierung des Gattungswesens Mensch erlaubt diesem den Rückzug in die kleinste Größe, gestattet ihm, erneut Welt zu errichten in seiner abgeschiedenen Häuslichkeit. Das Individuum hat in finsteren Zeiten die (nicht unbillige) Fähigkeit zu verbauern. Die Ehe mag die kleinste Zelle der Gesellschaft sein; sie ist, bei fehlender Öffentlichkeit, auch ihr Krebsgeschwür. Sie vindiziert dem politischen Wesen nicht die Gemeinschaft als seinen persönlichen Bereich, sondern verbannt es in die engen Trennwände des Stammes, der Familie, zwischen denen es seinen kreatürlichen Bedürfnissen nachgeht, abgeschieden von der Gemeinschaft, dem anderen, dem Fremden, durch welche es allein sich begreifen könnte, zu sich finden könnte als unverwechselbares Individuum.

Anders Poesie. Öffentlichkeit ist nicht allein ihr Adressat, sie ist ihre Vorbedingung. Fehlende Öffentlichkeit trocknet die Poesie zum Stammbuchblatt aus, degradiert die poetische Metapher zur Sklavensprache. Dem Versklavten wird jedes Bild zum Fanal. Ihr Gebrauchswert reduziert sich auf Lebenshilfe, ein Freiraum für eine tatenlos dahindämmernde Fantasie, ein Merkzeichen für vergessene Menschlichkeit. Das ist nicht wenig und eine ehrenwerte Aufgabe, und sich ihr zu stellen zeigt Engagement, ein Bewußtsein von der Zeit und Soziabilität. Jede andere Haltung ist in solchen Zeiten, wie Brecht sagt, fast ein Verbrechen.

Kunst hat dann zu kämpfen, hat die ganze Fülle ihrer Mittel und Wirkungen in jene nicht unblutige Schlacht zu führen, die wir Fortschritt nennen, Fortschreiten der Menschheit. Ihre Sprache wird umgemünzt, ihre Fabeln werden zweckdienlich zugespitzt, ihr Handwerk wird auf Brauchbarkeit für Brandbriefe sondiert. Kunst wird Instrument, wird Waffe, ihre Fantasie wird sozial determiniert. Jede andere ihrer Bewegungen ist unter dieses Erfordernis subsumiert, wenn auch nicht aufgehoben. Jede Entfernung von der kämpfenden Truppe erscheint reaktionär, menschheitsfeindlich. Jedoch, wenn auch Kunst Waffe sein kann und zu gewissen Zeiten sein muß, Poesie ist dafür untauglich. In keinem Waffenverzeichnis findet sie Platz; in unmenschlichen Zeiten hat sie zu schweigen oder wird unbegreiflich, ungreifbar. Und überleben kann sie nur in den ungeklärtesten, unerschöpflichsten Tiefen des Volkes, dem Mythos. Hier findet sie stets das für ihr Fortbestehen notwendige Asyl. Im Mythos konnte die Menschheit zu jeder Zeit ihre fantastischste Gabe aufbewahren, ihre Poesie. Also nicht aus der barbarischen Knechtung, der blutigen Versklavung des Menschen erwachsen die poetischen Texte (ein Analogon zur Revolutionstheorie der Verelendung), vielmehr bedarf die Produktion von Literatur jenes Minimums an Freiheit, das ein Bewußtwerden der eigenen Situation erlaubt und das Spiel mit jenem Freiraum der Fantasie, der sich über die wenigen kreatürlichen, doch drängenden Bedürfnisse erhebt. Die Vorahnung des Menschlichen. Kultur ist die öffentliche Alphabetisierung des menschlichen Geistes, eine Emanzipation also, der die Befreiung von der direkten, unverschämten, blutigen Unterdrückung vorhergehen muß. Nicht der von jeder Entfremdung (inklusive jeder Herrschaft) zuvor befreite Mensch ist der poetische Mensch, doch muß die Befreiung von jeder Entfremdung als Bestimmung des Menschlichen, das heißt als wirkliche Möglichkeit und zukünftige Gesellschaft des Menschen erkennbar sein, bevor die poetischen Springquellen eines Volkes aus den versteinerten Verhältnissen heraus sprudeln können. Die Poesie ist im Mythos des Volkes begründet, der Mythos aber ist das Gesicht eines Volkes, das unter den aufbrechenden Verkrustungen der Vorzeit erscheint. Die reichen Kulturen Afrikas und Lateinamerikas, nahezu verstummt in den Jahrhunderten der Unterdrückung, setzen nun, da ihre Völker begannen, sich zu emanzipieren, die Welt erneut in Erstaunen.

Fehlende Öffentlichkeit und das Unverständnis für die Metapher in der Dichtung erheben den für Literatur gänzlich ungeeigneten Terminus Sklavensprache zur betrachtenden Brille, zum Kunstmaß. Ein Unverständnis übrigens, dem gelegentlich auch Literaturproduzenten verfallen, verführt wohl vom Hunger ihres Publikums nach einem forum coram publico.

Im schiefen Blick erscheint selbst die Göttin der Schönheit als runzlige Alte. Die Feindschaft zwischen der Poesie und den Beamten eines Apparates, der von Menschen gewaltsam errichtet wurde, um Menschen gewaltsam zu unterdrücken, beruht (formal) auf einem Mißverständnis und ist doch von vollendeter Evidenz. Das Mißverständnis: Macht erlaubt sich keine Historie, läßt den Sinn für Geschichtlichkeit verkümmern, da sie allein besorgt ist, Anspruch und Erhalt ihrer Herrschaft zu sichern. Gesetze der Natur und der Kunst werden als Angriffe auf eben diese Herrschaft mißtrauisch betrachtet, verfolgt oder geleugnet. Das ausschließlich aktuelle (und damit zeitlose) Verstehen ihrer Bewegungen (der Kunstwerke beispielsweise) verschließt der unhistorischen Betrachtung jedes Verständnis für sie und erlaubt allein, die darin angekündigte Insubordination wahrzunehmen. Ein Irrtum, wie wir sahen: Kunst ist umgreifender.

Die Gründe für dieses Mißtrauen liegen offenbar. Jedes reflektierende Bewußtsein birgt unausgesprochen die Alternative in sich. Der Mythos ist, wiewohl in der Vergangenheit wurzelnd, immer der Zukunft verwandt und damit ein höhnendes oder schmerzliches Bild gegenwärtiger Bemühungen. Ein Stachel, der den glücklichen Moment des Augenblicks vergiftet. Die Klage um die verlorene Geliebte beklagt auch eine glücklose Welt. Und in der Klage steckt bereits das Dynamit, das eine neue Welt heraussprengen will. Eine Metapher, um derentwillen Herrschaft die Poesie als Bombenleger verfolgt, um derentwillen der frömmste der deutschen Liedermacher, der barocke Lyriker Paul Gerhardt, von seinem Kurfürsten als Abweichler verfolgt und amtsenthoben wurde. Die Unschuldsbeteuerungen des einen wie das wütende Mißtrauen des anderen, sie bleiben vereinbarungslos: In einem Antagonismus gibt es keinen gemeinsamen Nenner.

Die Metapher als Sklavensprache gesehen, ist Ausfluß von Herrschaft, jener besonderen Repressionsgewalt — wie Lenin sagt —, die jedweder Staat vorstellt. Sie wurzelt im Klassenantagonismus, der diese besondere Repressionsgewalt erst hervorbrachte und dessen Beamte bestrebt sind, dem Erhalt und der Sicherung der Macht alles unterzuordnen. Folgerichtig wird Sprache und Poesie in der so zerrissenen Gesellschaft nur aus dem Blickwinkel der Sicherheit verstanden. Ein Beispiel für philosophische Einflüsse auf Staatstheorien: Platons Verdikt, Schönheit durch das Schüttelsieb der Ethik zu pressen und Kunst als sittlich gereinigten Brei an Arbeitstiere und Kriegsathleten zu verabreichen, fand als staatserhaltende Gesinnung Resonanz.

Mag Poesie auch jede aktuelle Bezüglichkeit zu Recht von sich weisen, sie wird von der unterdrückenden Gewalt nicht anders behandelt als der Jankl im jiddischen Witz. Dieser trifft auf einer galizischen Bahnstation einen Bekannten:
— Wohin soll die Reise gehn, Jankl?
— Nach Lemberg. Getreide kaufen.
— Jankl, Jankl! was versuchst du zu lügen?
— Was lügen! Hab ich dich jemals belogen?
— Geh, geh, Jankl! wenn du sagst, du fährst nach Lemberg, Getreide kaufen, dann willst du, ich soll glauben, du fährst nach Krakau, Geld leihen. Nun weiß ich aber, frag mich woher, daß du wirklich nach Lemberg fährst, Getreide kaufen. Also, wozu lügst du, Jankl!

2

Der Vorgang ist überliefert: Im November 1775 siedelt Goethe auf Einladung des Herzogs Carl August nach Weimar. Ein gewisses Aufsehen, das Goethe mit seinen Jugendwerken in Deutschland erreichte und ein vor Jahresfrist erfolgter und freundlich verlaufener Besuch des damaligen Prinzen beim Frankfurter Schrekkenskind der Poesie (der WERTHER war im gleichen Jahr erschienen), mögen Carl August dazu bewogen haben, die frisch überkommene Würde mit dem vielverheißenden hessischen Stern zu schmücken. Goethe dürfte die Möglichkeit erkannt haben, aus dem Kreis der Provinzialen herauszubrechen und, gestützt vom freundlichen Wohlmeinen des Herrschers, in dem provinziellen Residenzstädtchen Weimar die Welt zu vereinnahmen und sein poetisches Vermögen weithin unbeeinträchtigt zu entfalten. Ihm die Absicht zu unterschieben, Weimar zu einem Nationalpark des Dichters, zu einem Tempel seiner selbst zu gestalten, ist ein so entlegener Gedanke nicht. Die Aufbruchsstimmung ist in den genialischen Dichterkreisen noch völlig ungebrochen. Der sich ankündenden neuen Literatur werden die erstaunlichsten Verbesserungen aller Sitten im Land, selbst läuternder Einfluß auf den deutschen Alltag eingeräumt. Keiner aus Goethes Freundeskreis (Merck, Wagner, Jung-Stilling, Herder, Lenz, Klinger, Bürger, Voß, Hölty, Wieland), der nicht zu dieser Zeit von sich und für sein Vaterland die erstaunlichsten Gaben erwarten darf; keiner, der nicht seine nationale Bedeutung spürt und sich ihr zu stellen bereit ist; keiner auch, der nicht den künftigen Ruhm am Alltagsrevers abträgt — eine anmaßende Hochstapelei mit, die Zukunft erweists, denkbar bester Deckung.

Das künftige Schicksal der Freunde — Selbstmord

aus Armut, Hinwendung zum Spiritismus, völlige Vereinsamung, Wahnsinn, beständige materielle Schwierigkeiten, bitterstes Elend, ein Hungerdasein, Schwindsucht, Tuberkulose, früher, allzufrüher Tod, der Glücksfall: eine Professur an einer pietistischen Hochschule, nicht immer honoriert — so unverwechselbar wie nahezu identisch. Beschließende Pattern der Lebensläufe deutscher Schriftsteller, mit dem Ende des 18. Jahrhunderts noch lange nicht ihren Abschluß findend. Das künftige Schicksal memoriert kraß, häufiger blutig, die Schere zwischen Anspruch und deutschen Zuständen. Walter Benjamin spricht von einer langen Prozession deutscher Dichter und Denker, „die an die Kette einer gemeinsamen Not geschmiedet, am Fuße jenes weimarischen Parnasses sich dahinschleppt, auf dem die Professoren gerade wieder einmal botanisieren gehen". Die Ausnahmen sind wenig mehr als einem günstigen Geschick geschuldet und einer nicht billig kommenden Geschicklichkeit. Die größere Erfahrung und die strengere Selbstdisziplin sind dabei hilfreich, nicht das bedeutendere Talent, der erstaunlichere Ansatz.

Die Anfänge sind so verschieden nicht: Die Schiller zugedachte Honorierung eines seiner Jugendwerke sollte kaum unter zehn Jahren Festungshaft auf dem Hohenasperg betragen. Schubart, der einfältige, vertraut einem deutschen Fürsten. Die Haft (zuletzt verfaulte ihm der Schlafrock am Leib) übersteht er nicht, zum Ende verbleiben ihm noch vier Jahre. Die Literaturgeschichte vermerkt seelische Zerrüttung, verübelt ihm christlichen Mystizismus. Letzteres wohl ein Opiat, Religion als Ersatz für Gesellschaft, der Beichtstuhl statt der Volksversammlung, der Disput mit Gott, um nicht mit Steinen und Mäusen reden zu müssen. Schiller wird manchen Gedanken an den Glücklosen verwandt und seine eigenen, flinkeren Beine gelobt haben. Mens sana in corpore sano, deutsche Schriftsteller, treibt Sport! Der ausgestandene Schrecken steht noch seinem Don Carlos zu Gesicht. Und Schiller ist nicht der letzte, der deutscher Natur und nördlichem Klima (dichter Wald, Nacht und Nebel) und nationaler Unmündigkeit (überall eine nahe Grenze) Gesundheit und Leben verdankt. Die deutsche Kleinstaaterei — eine Vorbedingung für nationale Klassik?

Und Goethe im lieblichen Weimar. Was anfangs kaum mehr als eine herrschaftliche Laune war, eine zufällige Neigung, macht Herzog Carl August zum unvergeßlichen Förderer der deutschen Literatur. Ein Klassiker der Landesfürsten und Beamten.

Freilich, Weimar ist nicht allen lieblich. Goethe hat eben die rheinischen Bindungen durchbrochen, des Vaters hausbackene Warnungen in den Wind geschlagen, eine Verlobung gelöst, die mehr Scharade und Pfänderspiel der Gefühle denn emotionale Wahlverwandtschaft war, und die antiken Trauerspiele und den Shakespeare aus der Truhe genommen und auf die noch harzig duftenden thüringischen Regalbretter gestellt, da meldet sich die nicht abzuschüttelnde Vergangenheit. Mit Lenz und Klinger bricht die halbstudentische Unausgegorenheit und Fantasterei in den höfischen Glanz der Kleinstadt ein. Zwei Schnorrbrüder, die den erfolgreichen Zunftgenossen um den ihnen nach dem Tippelgesetz zustehenden Anteil bedrängen. Die Hoffnung, das Beispiel Goethe habe verbindlichen Wert, in Weimar entstünden die deutschen Dionysien, ist realitätsfern und grotesk. Die beiden kommen für Goethe sehr zur Unzeit. So gefestigt ist seine Stellung nicht, daß er mit Anstellungen ihnen dienlich sein kann. Er darf und will ihnen keine Hoffnung machen; wohl zu klar sieht er den notwendig kommenden Zusammenstoß, die Katastrophe.

Jedoch, die Eröffnung läßt hoffen. Klinger weiß sich einigermaßen in das höfische Leben zu fügen und gewinnt durch sein galantes Betragen Gönner. Lenz, ungebärdiger und widersprüchlicher, vermag mehr Aufsehen und belustigte Nachsicht zu erreichen denn Beifall. Doch immerhin, er ist der Autor des gerühmten HOFMEISTERS, als dessen Verfasser man zeitweilig Goethe in Betracht gezogen hatte, und der ANMERKUNGEN ÜBERS THEATER, die in den Literaturkreisen bemerkt worden waren.

Lenz versucht, den Herzog für seine Idee einer „Pflanzschule von Soldatenweibern, Märtyrerinnen für den Staat" zu gewinnen. Sein Vorschlag wie sein Eifer dienen als vergnügliche Hofunterhaltung, ein pikantes Thema für Herrenabende. Lenz übersieht Spott und herablassende Gebärde, er fühlt allein seinen ethischen Auftrag: Soldatenbordelle zur Beförderung der Humanität, des Glücks der restlichen Frauenzimmer und des Staats. So ungelenk er sich am Weimarer Hof bewegt, zuversichtlich sieht er unter der Sonne Carl Augusts seine Arbeit aufblühen. Der deutsche Shakespeare an seinem sächsischen Globe. Und dann begeistert, ermuntert, innerviert ihn in Weimar eine zweite Sonne, sein Wahlbruder Goethe. Lenzens literarische Produktionen sollen allein diesem Urteil unterworfen sein; nur an seinem Beifall ist ihm gelegen. Die mißliche Frage nach dem Adressaten von Literatur, deren wahrheitsgemäße Beantwortung stets den Unmut der Gesellschaft erregt, da sie sich ausgeschlossen sieht (sie sieht sich ausgeschlossen, denn nur der Autor selbst ist sein Adressat; alle Maßstäbe, Wertungen, Ästhetiken befinden sich im Zentrum seiner Kunst; Publikumsinteresse ist erfreulich und ergibt notwendige Resonanz, kann aber keinen Einspruch erheben: An Korrespondenz ist dem Autor nicht gelegen, er respondiert gemäß seiner

Weltsicht), diese mißliche Frage nach dem Adressaten war für Lenz höchst einfach zu beantworten. Sein gesamtes Publikum heißt Lenz und Goethe. Goethe und Lenz, das künftige Zwiegestirn aller deutschen Kunst, dies ist nicht allein Lenzens Ansicht. Seine Arbeiten kreisen immer enger um den geliebten und bewunderten „älteren Bruder". Anders gesagt, Goethe ist der Drehzapfen der Lenzschen Arbeiten, er bewirkt sie geradezu. In den Stücken erscheint der Verehrte immer häufiger, kaum maskiert, als Herr von Gangolf, als Gth., schließlich als Herr Rothe im WALDBRUDER. Auch in der Form folgt Lenz ihm. Der Briefroman gibt dem WALDBRUDER den Wertherrock. Die Fabeln seiner dramatischen Fragmente und Absichten schreiben Personengeschichte: Goethe und Lenz, in immer wechselnden Kostümen, umkreisen sich auf der kleinen Weltbühne, aus Wunschträumen gezimmert. Nicht genug, die ständigen Lieblingshelden haben im WALDBRUDER — hier als die Herren Rothe und Herz — sich zudem über Goethes Arbeiten auszulassen, Goethe zu zitieren. Das Spiel im Spiel mit der erhofften Wirklichkeit potenziert sich, wenn Lenz als Herz verkleidet einen Goethepart spielt: Die Witwe Hohl erinnert in Charakter und Eifer überdeutlich an Demoiselle Delph, Goethes Heidelberger Vertraute und Kupplerin. Die Vermutung hat ihre Gründe, Goethes Damenwelt beherrscht nachfolgend Lenz. Er ist wiederholt bemüht, sich mit ihr ins Verhältnis zu setzen. Er sucht den Bewunderten noch in dieser Hinterlassenschaft. Er sucht ihn, meinend, sich zu finden. Der hartnäckige, bis zur Lächerlichkeit betriebene Wunsch nach Identität mit dem Wahlbruder ist programmatisch: Gemeinsam mit Goethe will Lenz die deutsche Literatur gründlichst erneuern. Nur mit ihm vermag er den Berg des PANDAEMONIUM GERMANICUM zu besteigen, den deutschen Parnaß, um den sich Nach-

ahmer, Philister und Journalisten so eifrig wie vergeblich mühen und dessen einsame Bezwinger sie ohnmächtig beschimpfen.

Der so heftig umworbene Goethe zeigt sich gelangweilt anfangs, später verärgert. Er distanziert sich zunehmend. Die Liebe des jüngeren Lenz deplaciert ihn
fortgesetzt. Die eigenen, frechen Polemiken der Ju-
gendzeit bedauert er nun als „halb mutwillige, halb zufällige Unarten", die er auszulöschen sucht, nicht wiederholen möchte. Er hat, hier durchaus anders als Lenz,
nicht vor, weiterhin die Welt vor den Kopf zu stoßen, er
will sie auf den poetischen Begriff bringen. Die Konzeption seiner zukünftigen Dichtung dürfte bereits zu diesem Zeitpunkt weit umgreifender sein, als es der die
früheren Gemeinsamkeiten beschwörende Freund und
Bewunderer ahnt. Ennuyante Liebe, lästige Bewunderung — es ist wohl das erste Mal, daß Goethe, kaum
sechsundzwanzigjährig, diese bedrückende Folge seines literarischen Talents verspürt. Ein in der Zukunft
sich wiederholender Vorgang: Flüchtend vor dem Unverständnis der Zeitgenossen, deren überkommene Kriterien der Kunstbetrachtung vor gegenwärtigem notwendigerweise versagen müssen, und auf der Suche
nach dem verwandten Geist klopfen die jungen deutschen Dichter an die delphische Tür der Vergötterten.
Urteile sind gefragt, gewünscht ist Zustimmung, ge-
braucht wird Hoffnung. Goethes Ansichten werden als
Verdikte genommen. Die Nachwelt übernimmt die
Wertungen des Nationalklassikers oder spricht von
krassen Fehlleistungen des Geheimen Rates und Weimarer Ministers. Beides zu Unrecht.

Eine poetische Konzeption ist kein Allerweltskonzept.
Mühsam genug und sehr widersprüchlich erarbeitet,
fortwährend und Gegensätze nicht umgehend verän-
dernd, im Widerspruch zu einem nachhinkenden Be-

wußtsein der Gesellschaft und auf dessen Zuspruch vergeblich hoffend, bemüht, eine Welt poetisch zu fassen, die nicht nach einem Zu-sich-Finden verlangt, vielmehr nach einem Mit-sich-Zurechtkommen, in diesen Ambivalenzen befindlich, zeigt sich, daß das umfänglichere, reichere Weltbild in dem Maße andere Sichten ausspart und sich ihnen versperrt, wie es befähigt ist, der Welt mit Poesie neu und provozierend beizukommen. Die Fähigkeit, die eigene Subjektivität in der Umwelt vollständig zu entwickeln, und die Kraft, sie gegen diese Umwelt zu behaupten, finden ihre Entsprechung in der Unfähigkeit, anders gearteter Individualität Gerechtigkeit widerfahren zu lassen, ja, sie nur zu erkennen. Genialität ist kein guter Gärtner. Nur bescheidene Talente finden noch genügend eigene Nahrung im Umfeld fremder Größe. Die Erfahrung zeigt: In ungekränkter Symbiose mit dem Genialischen lebt allein der Epigone. Talent schließlich hat man selbst, was man benötigt, ist allenfalls ein wenig Resonanz, wofür eine originelle Begabung ungeeignet ist. Der Grund, der die nachwachsende Literatur vor die Pforte des Weimaraners treibt, ist es auch, der es verhindert, daß sie auf ein verständnissinniges Ohr trifft: Es ist deutscher Grund und Boden. Das fehlende Interesse Deutschlands an seiner gegenwärtigen Kunst, das Begnügen mit den Werken der Erwerbsschriftsteller, die mit einigem Geschick und Raffinement literarische Entdeckungen der Vergangenheit aufzuarbeiten wissen, erfordert eine Sensibilität des Schriftstellers, die sich unbeeindruckt weiß von ihrer Umwelt. Ein unhaltbares Paradox, eine Katatonie: Auch Goethe, wie er gesteht, läßt Stücke ungeschrieben, die sein Publikum zu honorieren nicht in der Lage ist. Ein offenbar geringer Verlust: Man nahm ihn bislang nicht wahr.

Die Visiten bei Goethe sind geprägt von der Hoffnung, einen Zeitgenossen zu treffen, ein Titel, der den übrigen Deutschen versagt wird. Das Klopfen der verschiedensten Besucher an der immer gleichen Tür verdeutlicht den dahinter wohnenden Reichtum, die Vielfalt möglicher Anregungen, aber auch die umgebende Wüste, in der sich dieses Mekka der Poesie und des Zeitgeistes zu behaupten weiß. Die unähnlichsten Charaktere, Leidenschaften, Ansichten, Ästhetiken vereint der Weg nach Weimar. Die einzige Gemeinsamkeit ist die Konfession, der Gottesdienst: Die Glocken der deutschen Literatur hängen unumstritten im Haus am Frauenplan. Um so niederschmetternder die Zurückweisung. Doch Häresie, so begabt und vielversprechend auch immer, hat sich unterzuordnen dem obersten Gebot jeder Pilgerschaft: Du sollst keine anderen Götter haben neben mir. Was aber ins Weimarer Haus drängt und abgewiesen wird, sind Götter. Lenz, Hölderlin, Jean Paul, Heine, Kleist, keiner unter ihnen, der nicht bereits an seinem FAUST arbeitet, keiner, der nicht in seiner Huldigung schon die Gotteslästerung, den Umsturz anklingen läßt. (Und wohl auch keiner, der offener oder bereitwilliger das Talent der nächstfolgenden Generation zu begrüßen bereit ist. Diese Harthörigkeit ist eine Überlebenschance der vereinsamten Größe). Gefragt sind Jünger, willfährige Aufmerksamkeit aus dem zweiten Glied. Da ist Treue erlaubt, allenfalls Variationen zum Thema des Meisters (Petrus, berichtet die Legende, läßt sich mit dem Kopf nach unten kreuzigen) oder Polemik, die ja gleichfalls das Lob des Herrn singt, da sie zu uneigenständig ist, einen originellen Gegenstand zu haben (der Verrat des Judas — die streitbare Liebeserklärung). Die Bewegungen der Jünger dürfen extrem sein, überraschend, doch sie dürfen nicht die vorgegebenen Bahnen um die Sonne verlassen, Bewegung in stetigen Kreisen. Die Katastrophe steckt in der Begegnung der Götter. Ein Treffen der Religionsstifter Jesus und Mahomet hätte Blut oder eine Posse gebracht. Von Paul Klee stammt die Grafik zweier dicker Männer, die sich bodentief verbeugen, betitelt: ZWEI HERREN, EINANDER IN HÖHERER STELLUNG VERMUTEND, BEGEGNEN SICH. Das wäre natürlich die freundlichste Lösung unseres Problems. Nur, wenn Zeus auf Zeus trifft, welche Vermutungen sind da schon möglich!

Nach so viel Vielgötterei der Verweis auf den Menschen. Selbst ratlos und hilfebedürftig, bleibt als letzte und verständnisgewährende Zuflucht die Natur. Der hoffnungsvoll Gesuchte sucht gleichfalls Hoffnung. Der gefundene Zeitgenosse ist satisfaktionsfähig: Anmutig Tal, ihr Felsen und Bäume. „Denn euch gaben die Götter, was sie den Menschen versagten: Jeglichem, der euch vertraut, hilfreich und tröstlich zu sein."

Der Himmel über Weimar bewölkt sich für Lenz. Klinger mußte bereits die Residenz verlassen. „Unbescheidenes Auftreten" bringt ihn um Sympathie und Aussicht auf eine Stellung. Man ist bereit, jedem Talent Gerechtigkeit widerfahren zu lassen, wenn es nur recht gekämmt ist. Doch die bescheidene Forderung des deutschen Citoyen an seine Künstler verhallt ungehört durch die Jahrhunderte. Wen verwundert da die fehlende Bereitschaft des Bürgers, sich mit den Ungesitteten in der Öffentlichkeit zu zeigen! Goethe kann Klinger lediglich ein „Nur die Lumpe sind bescheiden" auf den Weg geben, helfen kann er ihm nicht.

Lenz, naiver und vertrauensseliger, ist als das große Kind mit dem wunderlichen Gemüt noch geduldet. Doch für so viel Ungeschicklichkeit im Auftreten stehen zu viele Fallen bereit. Lenz läßt keine aus.

Mit Goethes vertrauter Freundin, Frau von Stein, reist

er nach Kochberg. Sie scheint sich, weiß der Hofklatsch, für ihn zu interessieren. Gewiß soll die Aventüre nur die mangelnde Eifersucht Goethes anregen. Der Freund des Freundes hat ihn zu ersetzen, das Komplement zu Lenz' beständiger Vorliebe für Goethes verlassene Frauen. Eine böse Parodie auf Lenzens Schwärmerei.

Der Kochberger Ausflug verärgert Goethe. Mehrere peinliche Auftritte, eine Fülle literarischer Liebeserklärungen, die, zumeist ehrend gemeint, dem aufstrebenden Goethe lästig, ja für seinen geplanten Aufstieg beschwerlich werden, tun ihr übriges. Dem Herzog geht Lenz mit beständigen Plänen für Neuerungen auf die Nerven, ein unbelehrbarer Projektemacher. Als bekannt wird, daß Lenz ein Pasquill auf die Herzogin Amalie verfaßt haben soll (die angebliche Schmähschrift erweist sich bei näherer Betrachtung als ein Huldigungsgedicht; es hilft nichts, die Fama im provinziellen Hofstaat ist schnell und unwiderleglich, alle Beteuerungen und Beweise versagen vor dem allmächtigen Gerücht), als die neue Dreistigkeit Weimarer Tagesgespräch ist, kann und will Goethe nichts mehr für ihn tun. Er scheint das energische Vorgehen des Hofes gegen den unerwünschten Freund, den lästigen Bewunderer und unbedachten Konkurrenten selbst zu fordern. Der Herzog weist Lenz außer Landes. Einige Bittbriefe des überraschten, ratlosen Dramatikers gehen an den Herzog, an dessen Freunde und Berater. Zwei, drei heroische Gesten, etwas selbstlose Noblesse im Verzicht verbergen kaum die kindliche Verständnislosigkeit für den drakonischen Staatsakt. Unbekümmert zeichnet Lenz noch nach dem erteilten Landesverweis ein freundliches Bild seines zukünftigen Schaffens in Weimar. Er ist überzeugt, daß die Verärgerung des Landesherrn bald vor der Genialität seines Untergebenen dahinschmelzen wird. Ein Mißverständnis, das nur geklärt zu werden braucht.

Doch die Abschiedsworte hatte Lenz bereits kurze Zeit zuvor in einer der tollsten deutschen Literatursatiren formuliert: „Goethe, Goethe! wenn wir zusammenblieben wären."

Im Dezember hat er die Residenz zu verlassen („ausgestoßen aus dem Himmel als ein Landläufer, Rebell, Pasquillant"). Es folgt ein verzweifeltes Wanderleben, Krankheit, Bittbriefe, der Ruin. Einige Fragmente entstehen noch. Der Tod einer Freundin — auch sie aus der vertrauten Umgebung seiner weiblichen Personage: es ist Goethes Schwester Cornelia — macht ihn schwermütig. Die Zeitgenossen sprechen von ausbrechendem Wahnsinn. Man sorgt sich um den Kranken, sammelt für ihn. Wohlmeinende Freunde nehmen ihn auf, ein Schlosser, ein Pfeffel, dann Lavater, Kaufmann, Oberlin. Schließlich erbarmen sich Handwerker seiner. Er demütigt sich erfolglos, vor dem erzürnten Vater, der Familie. Die literarische Produktion stagniert. Goethe, Goethe! wenn wir zusammenblieben wären. Endlich holt ihn ein Bruder nach Livland, in die Heimat. Er versucht mehrfach, selbständig zu werden. Wird Hofmeister, Dozent. Schmiedet Pläne, übersetzt aus dem Russischen, trägt sich mit dem Gedanken an ein deutsch-russisches Literaturalbum. Auch militärische Projekte — nun zu Rußlands Beförderung — verfolgt er wieder. Er siedelt nach Petersburg, dann nach Moskau, das den Dichter liebevoll und anerkennend aufnimmt. So lebt er hin, ein langes Sterben, fünfzehn qualvolle Jahre. In einer Mainacht des Jahres 1792 findet man ihn tot in einer Moskauer Straße. Auch Klinger ist zu dieser Zeit in Rußland, auch er stirbt — Jahrzehnte später — dort. Sie, die in Deutschland nicht leben konnten und durften, fanden in Rußland etwas Ruhe für ihren zerquälten Kopf und Platz für ihren Tod. Gastfreundliches Moskau.

Angesichts des toten Lenz erinnern wir uns an sein „Goethe, Goethe! wenn wir zusammenblieben wären." Wessen Schicksal hätte wer geteilt? Gewiß nicht zufällig setzt der greise Goethe das Jahr 1775 abschließend in seine Lebensbeschreibung DICHTUNG UND WAHRHEIT. Die Einladung des Weimarer Herzogs, die erfolgte Übersiedlung in jenem Jahr beendeten das ungewisse Schicksal eines Mannes, der zu dieser Zeit noch mit vielen Talenten, die bald zerrieben wurden, wetteiferte; sie eröffneten eine halbwegs gesicherte Zukunft, die uns diesen Mann unersetzlich machte.

Der junge Karamsin befreundete sich mit Jakob Michael Reinhold Lenz in dessen letzten Lebensjahren. Auch er sah in ihm die (zerbrochene) Hoffnung auf einen deutschen Shakespeare. Auf seiner Reise durch Mitteleuropa, 1789, erinnert er seine Weimarer Gesprächspartner an Lenz. Bedauern, Unverständnis, Verlegenheit ist die Reaktion. Man teilt sein überschwengliches Urteil kaum. In seinen Reisebriefen für ein Moskauer Journal lesen wir: „Weimar, den 22. Juli. — Ich habe hier manche Anekdoten von unserem Lenz gehört. Er kam nach Weimar seines Freundes Goethe wegen, mit welchem er zusammen in Straßburg studiert hatte und der damals schon am Weimarer Hof war. Man nahm ihn als einen Mann von Talenten sehr gut auf; aber bald zeigte sich viel Sonderbares an ihm. So erschien er zum Beispiel einmal bei Hofe auf dem Balle maskiert und im Domino, mit dem Hute auf dem Kopf; und als nun aller Augen auf ihn hinstarrten und das Ah! der Verwunderung von allen Seiten erschallte, trat er ganz ruhig und unbefangen zu einer der vornehmsten Damen und forderte sie zum Tanz auf. Der junge Herzog, der ein Liebhaber von Farcen war, freute sich über diese lustige Erscheinung, die ihm etwas zu lachen gab; aber die betitelten Herren und Damen, die den Weimarischen Hof ausmachten, meinten, daß dem naseweisen Lenz dafür wenigstens der Kopf vor die Füße gelegt werden müsse. — Gleich nach seiner Ankunft in Weimar war Lenz in alle jungen und schönen Damen verliebt, und auf eine jede machte er Verse. Die junge Herzogin trauerte damals über den Tod ihrer Schwester. Lenz schrieb bei dieser Gelegenheit ein herrliches Gedicht, worin er nicht vergaß, sich mit dem Ixion zu vergleichen, der sich erkühnt, die Gemahlin Iovis zu lieben. Einmal begegnet er der Herzogin auf der Straße, und anstatt eine Verbeugung zu machen, wirft er sich auf die Knie und streckt die Hände in die Höhe, welche Stellung er nicht eher verläßt, bis die Herzogin vorüber ist. Den Tag darauf erhielten alle Bekannten Zettel von ihm, auf welchen er, vor der Herzogin kniend und die Hände emporstreckend, abgebildet war. Doch weder die Dichtkunst noch die Liebe füllten seine Seele gänzlich. Er konnte sich noch mit einer Reform beschäftigen, die, wie er glaubte, das Militär seiner Durchlaucht erfahren müßte, und reichte darüber dem Herzog verschiedene Pläne ein. Bei alledem duldete man ihn in Weimar, und die Damen fanden ihn angenehm. Endlich stritt sich aber Goethe mit ihm, und dieser brachte es dahin, daß er Weimar verlassen mußte. Eine gewisse Dame nahm ihn mit auf ihr Landgut, wo er ihr einige Tage Shakespeare vorlas und dann in die weite Welt ging. — Die Suppe wartet auf mich. Nach Tisch reise ich nach Erfurt. Lebt wohl, meine Freunde!"

3

Mode ist das aktuelle Zitat, und das ist es, was sie glänzend macht. Insofern ist Mode das hochmütige Schuldgeständnis des nachhängenden Bewußtseins, ein Eingeständnis von Schuld gegenüber dem gesellschaftlichen Pionier. Der Hochmut aber resultiert aus dem stets zeitgemäßen Auftritt: Weder die Märtyrerhaltung des Zu-früh-Gekommenen noch den verspäteten und darum verlachten Auftritt kennt die Mode. Sie erscheint pünktlich beim Glockenschlag, beim letzten Schrei der Zeit, dernier cri.

Die Stunde davor erlebten wir noch den tragisch endenden Weltverbesserer, die Stunde danach gehört ganz Don Quichotte; den Auftritt aber in der aktuellen Mitte der Gesellschaft hat allein die Mode. Unter allen gesellschaftlichen Phänomenen ist sie der Dandy. Ihr Glanz ist die Präsentation des bereits Entdeckten, ihre Leistung das unfehlbare Gespür für den richtigen Augenblick, ihr Erfolg das Zeitgemäße.

Dabei versteckt sie keineswegs ihre fehlende Originalität. Sie weiß, die überraschende fashion hat sich in Grenzen zu halten, das Unerwartete muß zuvor hinlänglich bekannt gemacht sein. Die neue Erfindung verstört, wirkt befremdlich, ihre Wirkung stellt sich erst mit der Wiederholung her. Der Beifall gehört dem da capo. Die Geschichte ist der Fundus der Mode, die die Vergangenheit als Klamottenkiste ihres Repertoires benutzt. Das Zitat ist keine Zutat der Mode, sondern macht Substanz und Effekt aus. Das Zitierte wird zum Erfolg, weil es zeitgerecht präsentiert wird und angestaubt genug ist, um nicht zu schockieren. Wie jede alternde Soubrette weiß die Mode um die durchschlagende Wirkung der Wiederholung.

Daraus erhellt sich das Unvermögen von Mode, stattfindende Geschichte zu begreifen. Jetztzeit ist unbrauchbar für den aktuellen Erfolg. Sie mag als künftiges Fressen bereits beäugt werden, doch fehlt ihr noch der Kleiderbügel des Begriffs, an dem sie demnächst aufgehängt wird. Der Zeitgeist, stets ein wenig unzeitgemäß, weil (aus dem Blickwinkel der Mode) scheinbar verfrüht, hat also für seinen künftigen Erfolg, sofern ihm daran liegt, nicht zu fürchten. Mißtrauen gegenüber den kaum zu verhindernden Nachwirkungen ist am Platze: Epidemisch um sich greifende Ideen, Sitten, Anschauungen gründen sich gewöhnlich auf einen vergänglichen, weil heilbaren Virus denn auf tiefer greifende Fundamente. Nach der (zu großen) Stille der (zu große) Sturm. Die Hoffnung ersehnt wehmütig das Danach. Gelegentlich auch der Verzicht auf die Väter: Die Söhne wirken kräftiger, radikaler, farbiger; gewiß sind sie der Zeit gemäßer. Keine Mode, die nicht allzu Sprödes als Fehlfarbe zu verramschen sucht. In der Reihe der deutschen Stilisten von Goethe und Kleist bis zu Kafka, Canetti und Schmidt bleibt gewöhnlich der Auftakt der modernen deutschen Prosa unbeachtet: Johann Peter Hebel. Der Historiograph vermißt hier Prätention und Maß, Weltsicht und Engagement. Er übersieht, daß in Hebels unartifiziell wirkenden Texten alles überreich vorhanden ist. Die Verweise der Nachgeborenen — vielfältig vorhanden in Wertung und Wirkung bis in die neueste Zeit, Gottfried Keller nennt ihn den deutschen Homer — haben daran wenig geändert, er bleibt eingeordnet zwischen Bauernregeln und Volkswitz.

Ähnlich unser Lenz. Mit Lessing und Goethes Götz markiert er den Beginn des deutschen „shakespearisierenden" Dramas. Keiner der nachfolgenden realistischen Dramatiker (Grabbe, Büchner, der junge Hauptmann, Lasker-Schüler, Brecht, Fleisser seien hier nur genannt), der nicht diesen Reichtum zu nutzen sucht, ihn für sich produktiv macht. Lenz selbst bleibt der Sonderling, der unselig Verwirrte. Als zerbrochene Hoffnung wird er in den Listen der sibyllinisch-unentrinnbaren Literaturgeschichte geführt, bemerkenswert mehr als der feind-freundliche Goethebewunderer denn als Dramatiker. Auf den Bühnen erscheinen seine Stücke zumeist in Bearbeitungen, mißliche Krücken für ein Publikum, das die Vorzeit nur in zeitgemäßer Form anzuerkennen bereit ist. Ein Umschmelzen ins handliche Format, um zumindest das Material zu bewahren, aufzuheben. Der Verlust bleibt unbemerkt, weil nicht verwendbar. Das Autoradio als beherrschendes Versmaß.

Lenzens fortgesetzte Wirkungen ergeben sich aus den eingreifenden Veränderungen, ein Radikaler, der fromm in Shakespeares Schuhen steht. Die Fabeln seiner Stücke werden lebhaft erzählt, ein forciertes, beunruhigendes Tempo. Eine durchaus auch polemische Regsamkeit gegen die festgeschriebene Tradition der Antike und den Einfluß des klassizistischen Frankreich. Hier teilt er das Verdienst mit Zeitgenossen. Auffällig wird es bei ihm durchs Extrem: Theaterszenen von wenigen Zeilen. Nach einigen andeutenden Worten, divinatorischen Kürzeln, schließt sich bereits wieder der Bühnenvorhang. Man kennt dies als Büchnersche Dramentechnik, oder bezeichnets — vollends anachronistisch — als Kinodramaturgie.

Folgenreicher Lenzens beispielloser Realismus. Eine Entsprechung in der bildenden Kunst seines Jahrhunderts ist Chodowiecki. Wir kennen diese Stiche und Radierungen: genaue, höchst filigrane Arbeiten, die überdeutlich, ironisch, bösartig, solidarisch eine Gesellschaft auf den Strich bringen, der weit mehr als der vielzitierte vorgehaltene Spiegel aufzeichnet. Die Technik wurde zur Manier des nachfolgenden Jahrhunderts. Eine geläufige Formel: Ein Stich in der Art Chodowieckis, im Geschmack der Zeit. Brecht bemerkt prononciert zum HOFMEISTER: Ein intimes, kleinmalendes Sittenstück. Und er verweist auf die Sprengkraft solchen Realismus'. Die Wirklichkeitstreue dieser Poetik hat eine revolutionäre Unverschämtheit für ein mit Vorliebe heroisch einherschreitendes Geschichtsbewußtsein. In der bedrückenden Enge kleinstaatlichen Geistes, preußischer Vernunft und präkolonialen Weltverständnisses ist der antizipatorische Griff in die Geschichte die befriedigendere Haltung für den übergreifenden Anspruch des Dichters. Das Kolossalgemälde als Denkmal menschlicher Möglichkeiten und höhnische Fratze des deutschen Krähwinkel. Anders Lenz, der engagiert und sogar eifernd das durch tausend Grenzen, Stände und Obrigkeiten verstellte Deutschland zu greifen, einzugreifen sucht. Ein Pädagoge, der Mißstände bessern will, ein Erzieher, dem man auf die Finger klopft, bis ihm der Kopf zerspringt.

Lenz bringt einen Querschnitt der deutschen Stände des 18. Jahrhunderts, ein Panorama der Zustände. Seine Stücke formulieren die bürgerliche Gesellschaft. Und das Sittengemälde ist die ausreichende Behausung des sich emanzipierenden Bürgers. Die Haupt- und Staatsaktion ist auf dem Stadtanger erhältlich, die Kaffeetafel die angemessene Königsebene.

Die Ästhetik dieses *kleinmalenden* Realismus hat Fallen und Sackgassen. In der Lenz-Nachfolge werden alle beschritten und dadurch deutlich. Die Beschränkung auf Ausschnitte der Gesellschaft verengt das Bild, auch das Weltbild. Die präzise Ausleuchtung vereinzelter Erscheinungen kann sich noch auf Lenzens Genauigkeit berufen, nicht mehr auf seine umfänglichere Gestaltung. Die Vereinfachung seines poetischen Engagements einerseits erbrachte das Tendenzstück, die illustrierte These. Die Bescheidung auf das Sittenstück unter Verzicht auf die gesellschaftliche Dimension andererseits ergab das boulevardeske Kleine-Leute-Theater, den Naturalismus des Kleinbürgertums, die Psychologisierung des Öffentlichen.

Erst zweihundert Jahre später, wiederum das Selbstbewußtsein einer neu aufsteigenden Klasse bezeichnend, mit einem vergleichbaren sozialen Engagement und unverwechselbar eigenem Formverständnis eines Volkstheaters, betritt wieder ein Dramatiker die Bretter, dessen Poesie, Einvernahme von Welt und realistische, „kleinmalende" Genauigkeit ihn an die Seite von Lenz setzen. Dieser Dramatiker, der gewiß nie eine Zeile von Lenz las, sich aber mit gleicher Unbedingtheit in die Tradition stellte und sich ebenso heftig auf Shakespeare berief, ist der Ire Sean O'Casey. Ein Mann mit einem vollendeten Werk, gewiß; doch nicht allein der Ansatz und die nicht eingelösten Hoffnungen von Lenz, auch seine wenigen Stücke, seine buntscheckigen theoretischen Schriften wie die Fülle seiner Fragmente und Entwürfe bezeugen den gewaltigen Dramatiker, den die Deutschen mit ihm besaßen und verloren.

Der Verlust ist unbenennbar: Mit ihm und den ihm in einen verzweifelten Tod folgenden und verbundenen Kleist, Grabbe, Büchner eröffneten sich Dimensionen eines deutschen Dramas und wurden verschüttet, die sich vielleicht im jeweiligen Beginn und dem unbeendeten Werk, nicht aber in ihren möglichen Folgen, in dem verlorenen Erbe dieser Toten erahnen lassen. Lenz — ein Schatten nur einer ungesehenen Tradition.

Ein Interview

Theater der Zeit Ihr besonderer Interessenpunkt bei CROMWELL?

Christoph Hein CROMWELL ist weder eine Historie noch eine Parabel. Es geht um Geschichte und Geschichtsbewußtsein, darum, wie sich Vorgegangenes und Geschichtsbewußtsein berühren, reiben; formal interessierte es mich, mit tradierten Mitteln zu arbeiten, zu beginnen, um sie dann aufzulösen, den Übergang auch in die Form zu setzen. Alle meine weiteren Interessen an dem Stoff stehen im Text, ich müßte mich wiederholen.

Theater der Zeit Was haben Sie für praktische Erfahrungen mit dem Theater?

Christoph Hein Meine Erfahrungen waren gut, konnte ich doch mit Regisseuren wie Besson, Karge, Langhoff und Soubeyran arbeiten. An unmittelbarer Zusammenarbeit war und bin ich interessiert: Stücke sind keine Lektüre, Theaterszenen schreiben heißt Spielanlaß geben. Die glücklichen Momente in der europäischen Theatergeschichte gingen stets aus einem intakten Verhältnis Theater – Stückeschreiber hervor. Aber möglicherweise sind da meine Hoffnungen zu optimistisch. Die Austreibung des Autors steht seit über einem Jahrhundert allerorten auf dem Theaterspielplan.

Theater der Zeit Ihr Stück SCHLÖTEL ODER WAS SOLLS wurde 1974 im Rahmen des „SPEKTAKEL 2" in der Berliner Volksbühne gespielt.

Christoph Hein Dieses Stück konnte an der Volksbühne nur teilweise inszeniert werden, da etwa ein Drittel des Textes aus allen unmöglichen Gründen gestrichen werden mußte. Die Aufführung des Fragments lieferte somit nur eingeschränkte Erkenntnis. Ich befand mich in der Situation eines Ingenieurs, der nicht mit der gesamten Versuchsreihe experimentieren kann und sich auf Teilergebnisse beschränken muß. Das brachte einigen Aufschluß. Allerdings war vom Teil nicht aufs Ganze zu schließen, ein Extrapolieren in künstlerischen Dingen ist kaum zulässig. So war die Inszenierung ein Luxus, weil Privatspaß für mich und ein paar Leute, die das Stück kannten. Sie sehen, eingeschränktes Theater — weshalb auch immer — birgt in sich die Gefahr der Privatisierung des Theaters; es geht, aber nur auf Kosten der Öffentlichkeit. Immerhin brachte es mir weitaus nützlichere Erfahrungen, als wenn es nur — wie andere Stücke — bis zum Besetzungsplan und Bühnenbild gediehen wäre.

Theater der Zeit Aus Ihrer Feder liegen darüber hinaus noch andere Theaterstücke vor?

Christoph Hein Ja, zehn oder elf Stücke und Einakter. Da wäre DER HERR HAN-SAEMON, eine Parabel nach dem Japanischen, in dem ein sich als intakt preisendes Gemeinwesen skurril zerfällt, die Phrase zerplatzt am Gewöhnlichen, der Banalität, im Stück an einer Fliege. (Schon Monterroso verwies auf die Bedeutung der Fliege für die Literatur.)

OSSOKI-OSSOKIN, eine Büro-Oper nach Granin, ein wenig Irrationalität macht etwas Wirbel in den geordneten Verhältnissen. Diese Farce sollte vor ein paar Jahren in der Volksbühne uraufgeführt werden. —

Dann ein Stück über Brecht im Jahre 30, ein Herakles-Stück (das gehört sozusagen zur *Pflicht:* DDR-Dramatiker und Antike).

Ein LASSALLE-Stück besieht die Anfänge der organisierten deutschen Arbeiterbewegung; formal der Versuch, mit den Mitteln des 19. Jahrhunderts deutsche Geschichte aufzugreifen, die Mittel selbst in den Gegenstand hineinzunehmen, auszustellen.

Eine Revue, DIE GESCHÄFTE DES HERRN JOHN D., ist ein kleiner Theaterspaß, Theater auf dem Theater; das ist nicht neu, aber nutzbar vielleicht für den Transport einer Geschichte.

Theater der Zeit Haben Sie ein Thema, das Sie übergreifend in Stoffen verschiedner Zeitläufe interessiert?

Christoph Hein Sicher finden sich Gemeinsamkeiten in meinen dramatischen und Prosa-Arbeiten, aber ein Thema habe ich nicht. Anders gesagt, mein Thema ist identisch mit dem der Herren Shakespeare und Goethe, modifiziert durch andersgeartete Zeiten, Gesellschaften und Begabungen: mit Kunst der Welt beizukommen.

Versuche und Grad des Gelingens sind weniger Ergebnisse von Autorenabsichten als von den bedingenden Umständen: der geschichtlichen Situation,

dem politischen Gemeinwesen und den talentierte-
ren oder dümmeren Fingern. Der Rest ist eine Frage
der Hermeneutik.

Theater der Zeit Welchen Unterschied sehen Sie zwischen der Gestaltung von historischen und Gegen-
wartsstoffen?

Christoph Hein Stücke, die in der Gegenwart geschrieben werden, sind Gegenwartsstücke.
  Diese Banalität zu behaupten scheint mir wichtig,
da heute ein Gegensatz zwischen sogenannten historischen und gegenwärtigen Stücken konstruiert wird.
Ein Stück, das im Jahre 1978 geschrieben wird,
äußert sich zu diesem Jahr (und möglicherweise
mehr). Wenn der Stoff dabei in die Historie reicht, so
ist dies ein Spezifikum des Genres Theater: Die
Bühne arbeitet täglich mit Jahrtausenden, die Gestaltung eines Parteisekretärs kann den Hamlet nicht
übergehen, Antigone ist theatergegenwärtig. Dra-
men- und theatergeschichtlich ist die Frage also
ohne Belang. Korrekter zu fragen wäre also: Warum
so viel Gegenwartsdramatik mit historischen Stoffen.
Dafür gibt es viele Gründe und zusätzlich noch ein
paar individuelle der einzelnen Autoren. Gebrannte
Kinder erweisen sich halt als belehrbar. Das opera-
tive Zeitstück verträgt die ablehnende Haltung der
Theater kaum, es vergilt auf dem Weg durch die In-
stanzen. Wichtiger aber ist: Das Theaterstück, ob Fa-
bel oder Nicht-Fabel, ist Spielvorlage für ein paar
Zeitgenossen, muß theatralisches Material liefern.
Gegenwart wird ohnehin verhandelt. Für das Nicht-
stattfinden von Zeitung/Berichterstattung ist Theater
kein Ersatz.

Theater der Zeit Was für Chancen haben junge Autoren bei uns? Wie kann man sie verbessern?

Christoph Hein Das gegenwärtige Theater ist Schreibanlaß für Prosa.

In der Regel verfahren die Theater mit neuer Dramatik wie mit den Brandschutzbelehrungen: In unregelmäßigen Abständen erinnern sie sich ihrer als einer mißlichen Verpflichtung, die es zu überstehen gilt. Ein unbeschäftigter Kollege wird beauftragt, dem Übel irgendwie beizukommen, und in einer finsteren Ecke des Theaters wird unter allgemeinen Stöhnen den Bestimmungen entsprochen, d. h. die Sache wird eiligst erledigt. Nach erfolgter Exekution versichert man sich, daß der verunstaltete Kadaver eine Leiche sei und begibt sich wieder auf die Hauptbühne. Die Dramaturgie verweist derweil auf das kontinuierliche Ringen der Bühnen um die zeitgenössische Dramatik, und die Kritik zeigt Geschmack. Und wenn dennoch irgendwo ein Funke aufglimmen sollte, das Theater ist jedenfalls kaum haftbar zu machen. Spielpläne werden derzeit nach folgendem Muster gestrickt: ein Drama des sogenannten Erbes, etwas Boulevard, etwas viel Boulevard und das obligate sowjetische Stück. Das erfreuliche Interesse an modernen Stücken der Sowjetunion entschuldigt nicht die fehlende Aufmerksamkeit für die Dramatik der anderen sozialistischen Länder, die derzeit nur während entsprechender Kampagnen in unseren Spielplänen anzutreffen ist.

Was auf der Strecke bleibt, ist nicht allein das zeitgenössische Stück dieses Landes, es ist das Theater. Die Hoffnung, das schöne bürgerliche Spiel nutzen zu können und das schlechte, weil neue Stück draußen zu lassen, führt zu einem tauben Formalismus:

Die Zelebration des Klassikers gerinnt zur Totenmesse, die *runden Daten* der Biographie ersetzen Dramaturgie, das Erbe wird zur Domäne (seit 100, 200, 300 Jahren im Familienbesitz) und der Erbfolger nicht Produzent, sondern Kuponschneider. Die Tradition dieser Toten lastet dann nicht mehr in permanenter Zeugung als *Alp auf den Häuptern der Lebendigen* sondern auf der silbernen Präsentiertafel, garniert, abgeschnitten, leicht muffig.

Dahinter steckt irgendwo die Ansicht, mit dem Erbe verfahren zu können wie mit den gravierten Teelöffeln der Großeltern: Man nimmt sich, was man braucht. Aber dieses Erbe überkommt uns unbefragt, da ist nichts zu selektieren, ja, es ist nicht einmal in seiner Gesamtheit auszuschlagen. Es ist furchtbar lebendig: Geschichte findet in der Jetztzeit statt, das Vergangene ist unsere — uns befremdliche oder vertraute — Gegenwart und Zukunft. Und wenn man da trotzdem wählen, aussuchen, verdrängen will, wird Wirklichkeit krude wie ein banaler Gesellschaftsroman: der totgeschwiegene Onkel erscheint im letzten Akt, das Gras über der vergrabenen Sache wird abgefressen, das stets verschlossene Zimmer steht für jedermann offen, und die wohlbehüteten Kinder, derart rabiat aufgeklärt, verfallen den unerfreulichen Neigungen.

So verdankt eine Lessing-, Goethe-, Schiller-Gesellschaft ihre fortdauernde Existenz weniger den staatlichen Subventionen als vielmehr der Arbeit einiger Leute wie Heine, Kleist, Kafka, Brecht. Literatur ist nämlich ein sich in beständiger Auseinandersetzung mit der Gesellschaft befindender Prozeß und kein Strudelwurm, von dem man beliebige Teile ohne Gefahr des Verendens extrahieren kann.

Die Chancen also für junge Theaterautoren sind

bei uns gering. (Ihre älteren Kollegen werden kaum weniger schoflig behandelt: Ich erinnere an Matusche, der als Stückeschreiber hier verhungerte.) Die Verbesserung ihrer Situation ist abhängig vom Fortschreiten der Gesellschaft, also zu erwarten.

Theater der Zeit Ihre Einschätzung scheint uns einseitig, trotz vorhandener Probleme zu pauschalisierend. Vielleicht spielen auch unterschiedliche Ansichten über die Funktion von Theater in unserer Gesellschaft eine Rolle. Was sollte bzw. könnte Theater heute — nach Ihrer Meinung?

Christoph Hein Unser gegenwärtiges Theater hat offensichtlich einige Schwierigkeiten mit seinen Autoren.

Es hat nach einigen Jahren übermäßiger Abstinenz den Boulevard entdeckt, und mit dem Eifer des Konvertiten verwahrt es sich nun dagegen, anderweitige Ansprüche anzuerkennen oder gar zu erfüllen. Dagegen ist wenig zu sagen und nichts auszurichten: Theater bezog stets seinen Reiz nicht zuletzt aus seinen Schäbigkeiten, und — mag es der Seminarist bedauern — in der Reihe seiner Väter steht der Hanswurst halt vor der Lessingschen Dramaturgie, die Reprise vor der Originalität. Der jeweilige Kotzebue darf aufs Gewohnheitsrecht pochen. Für die Einrichtung entsprechender Etablissements neben dem subventionierten Stadt- und Staatstheater spricht viel: einmal der gegenwärtige Stand unserer Produktionsweise, der es noch nicht erlaubt, den Arbeiter anders denn müde und abgearbeitet aus dem Bereich seiner beruflichen Tätigkeit zu entlassen. Für ihn kann die anstrengende, weil das gesamte Individuum beanspruchende Kunst vorerst nur seine besondere und noch nicht seine gewöhnliche Unterhaltung sein. Er muß seine freie Zeit vorwiegend zur einfachen Wiederherstellung seiner Kräfte verwenden, wozu offenbar jene Surrogate geeignet sind, die unter der Bourgeoisie den Titel Unterhaltung für sich okkupierten.

In unserer Gesellschaft ist der Anspruch der arbeitenden Klasse auf eine Freizeit, die, wie Marx sagt, jener menschlichen Kraftentwicklung gilt, die sich als Selbstzweck begreift, angemeldet. Diese vollkommene Form der Freizeit ist in einem Gemeinwesen die Kunst. Jedes Individuum ist befähigt, seine Herzensschmerzen und -freuden zu artikulieren, und die von entfremdender und verkrüppelnder Arbeit befreite Gesellschaft wird es dazu berechtigen. Was jetzt noch Sache von Spezialisten ist, wird allgemeines Spiel der Produzenten im Reich der Freiheit. Muß es werden, da diese Arbeitsteilung schon heute überlebt ist: Die aristokratische Haltung, künstlerische Produktion auf wenige Individuen *(Künstler)* zu beschränken, verliert ihre einstmals sicheren Gründe, wird reaktionär. Den angemeldeten Anspruch einzulösen ist nicht die unwürdigste Aufgabe der Gemeinschaft der Produzenten; der Grad der Produktivität ihrer Mitglieder ist ihre Bedingung. Die sozialistische Form des Gemeinwesens ist dabei schon Prämisse.

Zweitens würde die Konstituierung des bloßen Amüsementbetriebs, dessen gegenwärtige Berechtigung von mir also unbestritten bleibt, dem Theater erlauben, wieder Forum von Öffentlichkeit zu sein. Gemeinsame Befriedigung drängender, tierischer Bedürfnisse — wie Schiller sagt — ist schließlich noch nicht Ausdruck politischen Gemeinwesens. Theater war seit seinen Anfängen eine Stätte, an dem sich das vielfach bedrückte Individuum als Glied einer Kommune begreifen und üben konnte. Hier liegt ein übergreifender Wert des Theaters, denn der Mensch ist (seit der Kannibalismus sich überlebte) nur als Gemeinwesen dem Menschen von Interesse. Theater hat sich durch die Jahrtausende als einigermaßen stabil erwiesen. Auch zeitweises Desinteresse seines Publikums hat es überstanden. Tödlich war ihm nur fehlende Öffentlichkeit. Coram publico zu sprechen, Öffentliches öffentlich zu verhandeln, war die einzige Bedingung, die das Theater der Gesellschaft stellte. Jede Form von Privatisierung leert die Bühne, schnitzelt aus den weltbedeutenden Brettern das nichtssagende Brettl, das mit seiner Bedeutungslosigkeit kokettiert. Der Zusammenbruch der Polis, der athenischen Demokratie, beendete das antike Theater. Der puritanische Dogmatismus Cromwells verwüstete die Shakespearebühne. Mit Lenin stirbt die große sowjetische Revolutionsdramatik: Zwischen den Jahren 1930 und 1956 sind die wichtigsten Werke der sowjetischen Literatur episch.

Natürlich bedingen auch andere Mißlichkeiten den unbefriedigenden Zustand. So hat das gegenwärtige Theater ein schiefes Verhältnis zur Geschichte, insbesondere zur stattfindenden Geschichte. Genauer: zu einem Teil dieser Gegenwart. Geschichte läßt sich vielfach gliedern, einteilen, handhabbar machen; eine durch die Jahrtausende üblich gewordene Klassifizierung ist die in erwünschte und ungeliebte Wirklichkeit. Hier sieht das Theater auf Tradition: Friedrich Wolfs ZYANKALI kam erst nach der gesetzlich erlaubten Schwangerschaftsunterbrechung auf unsere Bühnen. Es ist nun in dem Maße als Repertoirestück geeignet wie es zuvor dort unauffindbar war. Mit diesem Beispiel liegt in nuce das ganze Unverhalten der Theater gegenüber gegenwärtiger Geschichte vor.

Störend ist auch ein gewisser Hegelianismus einiger Kulturfunktionäre. Der Ästhetik dieses Philosophen folgend, die das Drama als „die höchste Stufe der Poesie und Kunst überhaupt" ansieht, gewärtigen sie von diesem Genre allzu heftige Wirkungen und sind, um diese einzudämmen, bemüht, das Drama in wohlgeordneten Bahnen zu halten. Das Ergebnis solch väterlicher Sorge ist häufig Langeweile.

Drittens wäre die Errichtung eines sozialistischen Boulevardtheaters — um beim Thema zu bleiben — die nachgeholte Legitimation eines tatsächlichen Zustandes. Das derzeitig stattfindende, verschämte Konglomerat auf unseren Bühnen ist nicht billig: Im Haus der lustigen Witwe zahlt die Theaterkunst drauf.

Sie sehen, meine Gründe für die Trennung des Theaters vom belanglosen, abendlichen Spaßvergnügen sind nicht neu: Hinter den radikalen Forderungen Schillers für eine gute Schaubühne und den freundlichen Ansichten Brechts über das unterhaltende Denken standen ähnliche Hoffnungen.

Theater der Zeit Indem wir hier CROMWELL vorstellen, interessieren uns und die Leser natürlich auch die Ansichten des Verfassers. Aber gemessen an unseren anders geprägten Erfahrungen, muten uns seine Meinungen zugespitzt subjektiv an.

Über manches könnten wir streiten. Zum Beispiel, was sozialistischer Boulevard wäre, oder ob sich die Unterscheidung von Unterhaltung und eigentlicher Kunst nicht etwa als unpraktisch, ja unproduktiv erweisen würde. Auch dürfte wohl die statistisch erwiesene Tatsache nicht ignoriert werden, daß die Bevölkerung sozialistischer Länder in ungleich höherem

Maß an Kunst und Literatur aller Genres Anteil nimmt, als diejenige kapitalistischer Länder. Aber schon Brecht wußte: Für einen guten Streit ist Zeit nötig. Wir sollten sie uns (auch außerhalb dieser Spalten) nehmen.

Besson oder Der Mangel an Geschmack

1.

Das Leben ist erstaunlich kurz. Jetzt, in der Erinnerung, drängt es sich mir so zusammen, daß ich zum Beispiel kaum begreife, wie ein junger Mensch sich entschließen kann, ins nächste Dorf zu reiten, ohne zu fürchten, daß — von unglücklichen Zufällen ganz abgesehen — schon die Zeit des gewöhnlichen, glücklich ablaufenden Lebens für einen solchen Ritt bei weitem nicht hinreicht.

(*Kafka*, 1919)

Zwei Momente des Theaters besitzen eine dauernde Anziehungskraft für mich, deren Reiz sich unabhängig vom Ensemble oder Stück immer wieder herstellt. Das ist einmal die erste Probe. Alle Beteiligten stehen ein wenig hilflos auf der Bühne. Die Hoffnungen für die künftige Arbeit sind vage und die Befürchtungen umfassend. Der zu spielende Text wirkt wie ein papierener Koloß, dessen anregende Wirkungen plötzlich unauffindbar sind. Die zuvor ausgeklügelten und durchleuchteten Szenen wirken triste, verstiegen, niederdrückend. Man gibt sich bemüht und überzeugt, kaschiert das Entsetzen, um mögliche Unlust von Mitarbeitern nicht zu bestärken. War man zuvor sicher, die Melodie des Stückes schon einmal gehört zu haben und ihrem Geheimnis wieder auf die Spur zu kommen, es umzusetzen, so glaubt man jetzt zu wissen, daß man mit den vorhandenen, fußgängerischen Mitteln allenfalls einen Zipfel erfassen wird; oder daß die eigene Arbeit eine vergebliche Mühe bleiben wird, da das Stück gar keine Töne, Farben, Schwingungen besitzt und auch auf der Bühne seine Makulatur behauptet.

Und dieser Zweifel, der nicht allein an der einen Inszenierung nagt, sondern unterderhand das gesamte Theater in Frage stellt, wird, man weiß es bei der ersten Probe, nie gänzlich verstummen.

Und dann gibt es den Tag der letzten Aufführung: die Inszenierung, erfolgreich oder nicht, geht noch einmal über die Bretter. Wenige Stunden später sind Bühnenbild und Kostüme im Fundus oder verramscht. Die noch aushängenden Fotos haben den gleichen Gebrauchswert wie museale Tonscherben der Vorzeit: ihr Sinngefüge ist ein Schemen, sie verweisen scheinbar nur auf sich selbst.

Die Vernichtung des Kunstprodukts, in jeder anderen Gattung eine Barbarei und sträflich, ist hier die Bedingung der weiteren Produktion. Gegen die Vergänglichkeit menschlichen Lebens sich aufzulehnen mag auch ein Sinn von Kunst sein, Theaterkunst ist dafür unbrauchbar. Die überkommenen Dokumente beziehen sich nicht auf uns, leere Gewandungen und Gesten können uns vielleicht in Staunen versetzen, nicht ins Verhältnis.

Unser eigenes Theater wird den Nachkommen trotz neuerer Techniken (etwa audiovisueller) nicht verständlicher: die Zusammenhänge sind nicht sinnlich, das Werk ist unauffindbar. Theater produziert Prozesse, keine Produkte.

Bei einer so gearteten Kunst verbieten sich Texte über Theater und Theaterleute: sie schreiben Zustände fest, die unwiederbringlich verschwunden sind, manifestieren Haltungen und Gesten, die von neuen Produktionen bereits übermalt sind. Theater als eine Leinwand mit jahrtausendealten Farbschichten, die feinen Risse verweisen auf die Tiefe. Doch das einzelne Werk verlischt bald nach seiner Produktion.

Theater, sagt Benjamin, als die vergängliche Kunst sei die kindliche. Welchen Wert hat — gesellschaftlich — ein Foto, oder besser: eine Daguerreotypie mit den sonnigen Kinderköpfen heute Erwachsener?

2.

In dem Maße, in dem das Sachverständnis des Käufers zurückgeht, wächst die Bedeutung seines Geschmacks. Sie wächst für ihn, und sie wächst für den Produzenten. Für ihn hat sie den Wert einer mehr oder minder anspruchsvollen Verhüllung seines Mangels an Sachverständnis. Für den Produzenten hat sie den Wert eines neuen Anreizes zum Konsum, der unter Umständen auf Kosten anderer Bedürfnisse des Konsums, denen zu entsprechen kostspieliger für den Fabrikanten wäre, befriedigt wird.

(*Benjamin*, 1938)

In der Geschichte der menschlichen Arbeit hat das Erscheinen des Privateigentums nicht allein den Charakter der Arbeit verändert, es hat diesen (wechselnden und gleichbleibenden) Charakter auch offenbart. Die Entfremdung der Arbeit zerstörte eine vorzeitliche Vertrautheit, in deren Aura die umfängliche und grundsätzliche Bedeutung der Arbeit für den Menschen und seine Verhältnisse dahindämmerte. Die Zerstörung dieses Zustandes brachte nicht allein die Veränderungen, sondern auch das ganze ursprüngliche Umfeld auf den Begriff. Für die in verschiedene Klassen und unterschiedliches Produktionsverhalten zerbrochene Gesellschaft war die Entfremdung der Arbeit die Voraussetzung für ihre Aneignung, ist die Selbstentfremdung des

Menschen eine notwendige Stufe auf dem Weg zum freien Gattungswesen.

Künstlerische Tätigkeit, wie unterschieden sie auch von anderen Produktionsformen ist durch Talent, Schöpfertum, Tradition, Fantasie, Originalität, sie verfiel dem allgemeinen Gesetz der Klassengesellschaft. All ihre Exklusivität entließ sie nicht aus dem Verhältnis zum Privateigentum, dem Gang in die Entfremdung. Und steht auch eine Tätigkeit, die darauf gerichtet ist, den Produzierenden in einer konkreten historischen Gesellschaft zu verwirklichen, ihn in seiner Welt sich finden zu lassen, a priori jedweder Entfremdung einander ausschließend gegenüber, die ideelle Unversöhnlichkeit ging ein in den Prozeß der Entfremdung, wurde — da Voraussetzungen und Bedingungen von Kunstproduktion in der Klassengesellschaft divergierten — ihre, wie Marx sagt, „zerrissene Wirklichkeit". Diesen Zustand repräsentiert und reflektiert die l'art-pour-l'art-Dichtung am radikalsten. Ihn benutzt jene Kunst, die als Gewerbe betrieben wird — in der in Übereinstimmung mit dem Marktgesetz die Ästhetik ihre Daseinsberechtigung an den vorgewiesenen Lohnstreifen verloren hat. Ihn torpediert — in Einheit oder Entzweiung mit der arbeitenden Klasse — der Realismus.

Der Entfremdungsprozeß in der Kunstproduktion zerstört das aneignende Verhalten der Konsumenten, ihr Verhältnis zur Kunst. Das Unverhalten des Abgebildeten zum Bild flüchtet sich in den Geschmack. Der Sonntagsstaat des Konsumenten in der Sphäre der Kunstproduktion ist Ausdruck seiner Uneinigkeit mit sich selbst. Die Spiele und Feste der Gesellschaft gerinnen zu den Festspielen von Gesellschaften, deren Mitglieder sich allenfalls als Einzelwesen, aber nicht als Individuen zu begreifen vermögen. Die Theorie und die Produktionen der Wegwerf-Kunst, -Literatur, -Kultur sind

auch aneignender Griff (geschichtslos, geschichtsleug-
nend) nach dem Fremden, das das Eigene ist. Archai-
sches Stammesritual: die Mannbarkeit erweist sich als
Schlachtung des Vaters. Die vergangenen Geschlechter,
die den Magen füllen, belasten nicht den Kopf. Autis-
mus als Ersatz für Gemeinwesen.

Über Geschmack läßt sich tatsächlich nicht streiten:
aus falschen Fragestellungen folgt logisch Beliebiges
und alles. Geschmacksurteile in produktives Verhalten
zu überführen, bedarf der geänderten Gesellschaft. War
die Bildung der fünf Sinne „eine Arbeit der ganzen bisherigen Weltgeschichte", so ist ihr Gebrauch abhängig
von dem Verhalten der Gesellschaft zur Arbeit, von den
Produktionsverhältnissen: „Der sorgenvolle, bedürftige
Mensch hat keinen Sinn für das schönste Schauspiel"
(Marx).

Goethe, der vor das Straßburger Münster mit einem
„Kopf voll allgemeiner Erkenntnis guten Geschmacks"
trat, konnte sich dennoch überraschen, beeindrucken
lassen. Der historische Glücksfall hat mit der sozialistischen Gesellschaft die tendenzielle Möglichkeit, gewöhnlich zu werden. Die gebildeten Sinne werden allgemein brauchbar. Der Sinn macht den Geschmack ar-
beitslos.

Einen Auftakt der Erziehung zur Geschmacklosigkeit
(als Ausgang aus einer dem Stand der Eigentumsverhältnisse geschuldeten Unmündigkeit) lieferte das epische Theater Brechts. Dieses Theater war gesellschaftlich eine Attacke auf den guten Geschmack, das heißt
auf das entfremdete Verhalten des Publikums zu seiner
Kultur. Benjamin: „Das epische Theater trägt einem
Umstand Rechnung, den man zuwenig beachtet hat. Er
kann als die Verschüttung der Orchestra bezeichnet
werden. Der Abgrund, der die Spieler vom Publikum
wie die Toten von den Lebendigen scheidet, der Ab-

grund, dessen Schweigen im Schauspiel die Erhabenheit, dessen Klingen in der Oper den Rausch steigert, dieser Abgrund, der unter allen Elementen der Bühne die Spuren ihres sakralen Ursprungs am unverwischbarsten trägt, hat an Bedeutung immermehr eingebüßt. Noch liegt die Bühne erhöht. Aber sie steigt nicht mehr aus einer unermeßlichen Tiefe auf, sie ist Podium geworden."

Als Brecht 1948 wieder in Berlin zu arbeiten beginnt, stoßen das epische Theater und der gute Geschmack sehr bald aufeinander: Man läßt sich gegenseitig durchfallen. Aber mit dieser Arbeit beginnt im sozialistischen deutschen Staat eine „unsichtbare Schule", die sich mit breiter, widersprüchlicher Verästelung über das Land zieht. Besson ist Schüler Brechts, das ist Theatergeschichte. Er ist Lehrer geworden, nicht allein für Theaterleute, das machte ihn für dieses Land historisch.

3.   Sie wollen euch glauben machen, die schönen
       Künste seien entstanden aus dem Hang, den
       wir haben sollen, die Dinge rings um uns zu
       verschönern. Das ist nicht wahr!
       (*Goethe*, 1775)

Besson ist häufig ein erfolgreicher Regisseur. Seine Arbeit ist, und das macht sie zu einer öffentlichen Angelegenheit, immer folgenreich. Gelegentlich verkehrten sich diese Folgen, unerwünschte Einschüchterung statt anregendem Vorbild: Sein DRACHE zum Beispiel bewirkte, daß dieses Stück seitdem nicht mehr inszeniert wird. Die Vollkommenheit der Arbeit machte betroffen, führte zu Sprachlosigkeit, die keine neue Arbeitshaltung zuzulassen scheint. Tabuisierung durch Schönheit. Vollendung einer Arbeit ist immer auch ein (vorläufiges) Arbeits-Ende. Zuweilen waren seine Vorstöße weitreichender, als das gesellschaftliche Bewußtsein zu akzeptieren vermochte: Bei der Bearbeitung und Inszenierung des Stückes HORIZONTE flüchtete sich das einsetzende Befremden wiederum ins Geschmackliche. Das Schwerzubegreifende galt als Mißgriff. Bessons Mißgriff. Man verkannte dabei die Konzeption: Das Befremdliche gehört zu den Hauptsätzen Bessonscher Ästhetik. Erfolge sind ihm wichtig, da er durch sie in das Publikum wirkt, etwas bewegen kann, folgenreich ist. Sie machen ihn mißtrauisch, da undifferenzierte Zustimmung eines sehr wohl unterschiedenen Publikums darauf verweist, daß die trennenden Klüfte zugeschmiert sind. Theater ist für ihn ein gesellschaftliches Instrument, mit dem zu operieren, Kunstverstand allein nicht genügt. Das artistische Interesse und Vermögen Bessons erweist sich selbst bei einer Vaudeville-Inszenierung als politisch: Sein Theater verhandelt Öffentliches, der Mensch ist ihm als politisches und historisches Gemeinwesen von Interesse. Das macht seine Bühne groß, bedeutend, traditionsbewußt, theatralisch. Allerdings nicht modisch: Für den Naturalismus fehlt es ihm an Geschmack.

Mit einem so weitgreifenden Bewußtsein vom Theater konnte ihm auf Dauer die einzelne Inszenierung nicht genügen, er benötigte das Gesamttheater. Intendanz als Inszenierung eines großen Hauses über mehrere Jahre.

Sein Theater wurde sehr rasch ein einzigartiger Mittelpunkt in der Theaterlandschaft dieses Landes. Die anregende Produktivität, die die Volksbühne vermittelte, erinnerte an Wirkungen, die einst vom Brechtschen Berliner Ensemble ausgingen. Vom Theater in der DDR zu sprechen, heißt über Besson sprechen. Umstritten bleibt seine Arbeit in dem Maß, wie sie befremdlich bleibt, doch die Stringenz seiner Inszenierungen wie seiner Theaterleitung erzwingen Aufmerksamkeit, machen Schule, wirken. Das Ende seiner Intendanz hinterläßt Betroffenheit: Besson, an dessen Theater hervorragende, inzwischen international bekannte und gefragte Leute groß wurden, der unseren Bühnen die nachhaltigsten Anregungen der letzten zwei Jahrzehnte gab, er hinterläßt eine nicht zu füllende Lücke. Unersetzbar sind nur diejenigen, die an ihrer Ersetzbarkeit arbeiteten. Besson ist ein Regisseur von Stringenz, provozierender Geschmacklosigkeit, eingreifendem Befremden. Ein Kommunist und Cabotin, seine wache Aufmerksamkeit für Menschen ist Arbeitshaltung, das heißt Haltung für seine nächste Arbeit. Es erweist sich: auf Kafkas Frage, wie sich ein Mann entschließen kann, ins nächste, unerreichbare Dorf zu reiten, findet nur der Daheimbleibende keine Antwort. Der Reiter selbst ist die Lösung.

Anmerkungen zu CROMWELL

Die Frage, warum ich CROMWELL geschrieben habe, unterstellt, daß ich mir diesen Stoff aus einer Unendlichkeit von möglichen Themen ausgesucht habe. Dies ist nur sehr bedingt richtig. Das Thema eines Schriftstellers ist viel mehr bestimmt von seinen inneren (subjektiven) und äußeren (gesellschaftlichen) Befindlichkeiten, wozu vorrangig der Konsens mit der Zeit zu zählen ist. Man hat die Möglichkeit, sich diesen Bedingungen zu stellen oder zu entziehen: zu wählen ist wenig.

CROMWELL ist ein Stück über eine erfolgreich durchgeführte Revolution, die letztlich verendet. Sie krepiert an der Unzulänglichkeit der revolutionären Führer, dem weit gesteckten Anspruch, den die zur Macht drängende Klasse nicht zu halten weiß, und der zwar gestürzten, aber durch gesellschaftliche Konventionen sehr lebendigen und mächtigen alten Herrschaft. Ein Vorgang, den unser Jahrhundert wiederholt erleben mußte und, wie ich fürchte, zu erwarten hat.

Eine gescheiterte Revolution, soviel Opfer sie auch kostet, birgt in sich auch ein Unmaß an Hoffnung: Der vergebliche Versuch einer Veränderung setzt diese um so nachhaltiger auf die Tagesordnung. Die Geschichte stockt nicht, sondern begnügt sich zeitweise mit unendlich kleinen Schritten. Der scheinbare Stillstand einer Gesellschaft erweist sich im nachhinein als eine stille Revolution, ein „Hindurchwaten", wie Rosa Luxemburg sagt.

Unser Interesse an der englischen Revolution ist das Interesse an uns. Geschichtsbewußtsein ist egozentrisch: Man will seine Väter kennen, um sich zu erfahren. Für das Vorübergegangene, wie Hegel sagt, haben wir nur Aufmerksamkeit, sofern es das Unsrige ist, insoweit es unsere Gegenwart ausmacht und wir darin verstrickt sind. Zwei Punkte dazu will ich hier nennen:

Erstens: Cromwell selbst. Ein kleiner Grundbesitzer, der — mehr von den Umständen gedrängt als von der eigenen Überzeugung, — radikal wird. Sein gesunder Menschenverstand, ein bäuerlicher common sense, gibt ihm anfangs das nötige Selbstbewußtsein und die erfolgreiche Geschicklichkeit (ein Mann mit fortune) und schlägt ihm endlich den Boden unter den Füßen weg. Seinen Tugenden ist er nicht gewachsen, sobald sie ihn aus den vertrauten Verhältnissen herausreißen. Das erreichte Ziel verwandelt den Revolutionär wieder in den Kleinbürger, der das kurzsichtige Interesse seiner Klasse im Arrangement zu verwirklichen hofft. Bemerkenswert die Größe dieser historischen Figur, die den Zwiespalt der englischen Revolution verkörpern kann. Übereinstimmung von gesellschaftlicher Bewegung und Privatschicksal, Personengeschichte als Zeitpsychogramm.

Zweitens: der Puritanismus der englischen Revolution. Jede revolutionäre Bewegung mißtraut vorerst allen Erscheinungen des gesellschaftlichen Lebens, die für sie Erscheinungen der zu beseitigenden Herrschaft sind. Kunst, Poesie, Schönheit überhaupt, sie sind ihr verdächtig als der Luxus der Herrschenden. Nicht unbegründet: Sie traf die Schönheiten der Nation zu häufig im vertrauten Umgang mit der Macht an. In dem erbitterten Kampf, zu überleben und zu siegen, befragt sie diese auf ihre revolutionäre Nützlichkeit, akzeptiert sie allein in dieser Funktion. Und verengt damit puritanisch Produktion und Rezeption von Kunst. Sie bietet dadurch aber auch die Möglichkeit für den neuen, unbelasteten Ansatz der aufsteigenden Klasse.

Formal arbeitet CROMWELL mit Brüchen, mit Anachronismen. Eine Aufsplitterung des Stoffes, der die Bezeichnung Historie — zumindest in der überkommenen Bedeutung — ausschließt. Der radikale Eingriff in den Stoff vermag unsere Gegenwart im geschichtlichen Stoff zu produzieren, die Transparenz des Eingriffs ermöglicht unsere Kritik an der vorgezeigten Haltung. Ein gegenteiliges Verfahren, beliebter, weil es den Erfolg determiniert, beschreibt Benjamin: „Bekanntlich soll es einen Automaten gegeben haben, der so konstruiert gewesen sei, daß er jeden Zug eines Schachspielers mit einem Gegenzug erwidert habe, der ihm den Gewinn der Partie sicherte. Eine Puppe in türkischer Tracht, eine Wasserpfeife im Munde, saß vor dem Brett, das auf einem geräumigen Tisch ausruhte. Durch ein System von Spiegeln wurde die Illusion erweckt, dieser Tisch sei von allen Seiten durchsichtig. In Wahrheit saß ein buckliger Zwerg darin, der ein Meister im Schachspiel war und die Hand der Puppe an Schnüren lenkte. Zu dieser Apparatur kann man sich ein Gegenstück in der Philosophie vorstellen. Gewinnen soll immer die Puppe, die man ‚historischen Materialismus' nennt. Sie kann es ohne weiteres mit jedem aufnehmen, wenn sie die Theologie in ihren Dienst nimmt, die heute bekanntlich klein und häßlich ist und sich ohnehin nicht blicken lassen darf." Ein uns nicht unbekannter Vorgang: die Wirklichkeit nachträglich so weit zu verändern, daß man sie vorteilhaft interpretieren kann.

Anders, wenn Geschichte für uns Gegenstand einer Konstruktion ist, „deren Ort nicht die homogene und leere Zeit, sondern die von Jetztzeit erfüllte bildet". Hier werden die Schlachten von gestern nicht nochmals und in der erstarrten Pose der Sieger geschlagen, sondern als Kämpfe von heute begriffen, betroffen machend, ein Eingreifen provozierend. Fortschritt als Fortschreiten, Geschichte als Jetztzeit.

Ein anderer Versuch mit anderen Mitteln, den geschichtlichen Punkt für uns aufzubrechen, aus der bloßen Historisierung in ein Epochen- und Selbstbewußtsein zu führen, ist mein LASSALLE-Stück, welches direkt und indirekt den CROMWELL kritisiert, aufhebt, weiterführt. Die gewöhnliche Haltung von Produktivität, die Theater als öffentliches Forum auffaßt, als Schaubühne und Instrumentarium menschlicher Fantasie.

Gespräch mit Christoph Hein

Hammer   Mancher, der Sie nicht schon als Theaterautor kannte, wurde auf Sie, Christoph Hein, erst aufmerksam, als vor Jahresfrist Ihr Band EINLADUNG ZUM LEVER BOURGEOIS (Aufbau-Verlag Berlin und Weimar) mit einer Prosa erschien, der eine ungeheure Detailgenauigkeit — der äußeren Fakten wie der Psychologie der Figuren — eigen ist. Schreiben bedeutet für Sie Aufarbeiten von Lebensgeschichte, von Personengeschichten. Das Aufdecken einer Biographie in ihrer Entwicklung oder Nicht-Entwicklung vermag seismographisch Veränderungen der gesellschaftlichen Wirklichkeit in der Individualgeschichte zu registrieren. Die Korrelationen zwischen Gesellschaftsprozeß und Individualentwicklung sind nirgends besser einsehbar als in den Lebensläufen der Menschen selbst. Dabei fällt bei Ihnen der besondere Umgang mit den Figuren auf: Sie unternehmen keinen Versuch, „die Figur *dorthinzukriegen*, wohin sie der Autor haben will", Sie enthalten sich aus einer Chronistenpflicht scheinbar jeder Einflußnahme, respektierend die Autonomie Ihrer Figuren.

Hein   Sorgsamkeit im Umgang mit Figuren, die zwar literarische Figuren sind, darüber hinaus aber auch Bezüge zu meinem oder mehr als meinem Leben haben, das gehört sicher zu den Voraussetzungen meiner Arbeit; ein behutsames Umgehen mit ihnen, um sie nirgends zu beschädigen.

Hammer   Ob es sich um die mühsame Prozedur des Aufstehens und Anziehens des alternden, kränkelnden Racine handelt, die an äußeren Ereignissen wie inneren Bewegungen arme, ja triste Lebensgeschichte dreier Berliner Frauen (Großmutter, Mutter, Tochter), angesiedelt zwischen Kaiserreich und sozialistischem deutschem Staat, oder um die fiktiven Briefe des Jägers Johann Seifert während der sibirisch-zentralasiatischen Reise Alexander von Humboldts aus dem Jahre 1829 — es gibt etwas relativ Konstantes in diesem Alltagsleben, in das Ihre Figuren eingebunden sind, oder es ist so, daß sich Veränderungen in Ihren Figuren nur in kaum merkbarem Tempo vollziehen. Auch wenn Sie die Titelfigur in Ihrem CROMWELL-Drama in eine historisch bedeutsame Situation stellen, dann zeigen Sie Cromwell nicht gerade in den revolutionären Prozessen und Konflikten, sondern mehr in den Ruhepausen der Revolution.

Hein   Es war so ein Tenor der 50er und 60er Jahre, daß Figuren in der Literatur — weil scheinbar auch im Leben — enorme Veränderungen durchmachen. Derlei prägte die Auffassungen in diesem Land über Literatur, und verschiedenenorts ist man heute sehr verwundert, mit Realität auch noch in der Literatur konfrontiert zu werden. Das ist verständlich, denn dadurch wird ein freundliches Einvernehmen heilsam zerstört. Ich zweifle also keineswegs an so schönen Dingen wie Erziehung des Menschen et cetera, nur wurde das in den letzten Jahrzehnten in bester Absicht ein wenig übertrieben.

Hammer Hat das nicht auch etwas mit dem Problem zu tun, wie sich in einer sozial gesicherten Welt für uns Fragen des lebensnotwendigen Risikos, auch und vor allem in den zwischenmenschlichen Beziehungen, der Entdeckung einer scheinbar völlig vertrauten, kaum noch aufregenden Wirklichkeit des Alltags neu stellen? Wenn man die Lebensläufe aus dem ALBUM BERLINER STADTANSICHTEN in Ihrem Prosa-Band liest, auch die Geschichte der Ärztin in Ihrer jüngst abgeschlossenen Novelle DER FREMDE FREUND, dann ist man zunächst einmal erschrocken über die Bewegungs- und Ereignislosigkeit eines gleichsam ungelebten, weil ohne Bewußtsein gelebten Lebens. Sie verlangen ein Arbeiten aus Bewußtsein, aus dem analysierenden Durchdenken von Stoff und Form. Hat Literatur für Sie auch eine kathartische Wirkung, soll der Leser gleichsam aufgerüttelt werden, soll er dem beschriebenen Leben sein eigenes entgegensetzen oder doch zur Überprüfung seines Lebens veranlaßt werden?

Hein Soziale Errungenschaften haben ihren Preis. Bei uns ist sozial viel erreicht (schwer erkämpft, unaufgebbar), und auf einmal gähnt da ein riesiges Loch fader Eintönigkeit für den einzelnen, so riesig, daß schon die Möglichkeit, sich zu ruinieren hinter einer nicht erreichbaren Schwelle liegt. Unser Leben, auch das künftige, erscheint erkennbar, berechenbar, vorgestanzt, was ein bißchen den Spaß nimmt. Die nächsten dreißig oder vierzig Jahre sind für mich fast schon vorher beschreibbar: Ich ahne die Stationen, und es können nur gewaltsame Dinge, ein Verkehrsunfall etwa, da wirklich etwas ändern. Sie sehen, in einem bestimmten Sinn bin ich Moralist: nicht unbedingt auf Veränderungen gehend, aber vielleicht doch Überlegungen so stark provozierend, daß man nicht ohne weiteres an ihnen vorbeikommt. Ich habe keine Rezepte, wie Menschen leben sollen. Ich bin nicht der Auffassung, ich könnte oder sollte Leute auffordern, in einer bestimmten Weise zu leben oder zu denken. Das halte ich für viel zu anmaßend. Was ich schreibe, hat Gültigkeit eigentlich allein für mich. Ich glaube, daß alle Literatur im Grunde für einen selbst geschrieben wird: Ein Autor verständigt sich mit sich selbst und nur da, wo das einigermaßen gelingt, vermögen die entstandenen Texte für andere von Interesse zu sein. Schließlich ist alle Literatur, wie Goethe sagt, Autobiographie oder Makulatur. (Autobiographie allerdings nicht platt verstanden, nicht privat, sondern persönlich, als öffentliche Angelegenheit.)

Hammer Nun gibt es aber die Gorkische Formulierung von der Literatur als einer Methode zur Organisierung von Erfahrungen …

Hein Das steht nicht im Gegensatz. Erfahrungen, Ansichten, Haltungen, Weltsichten werden organisiert, Verständnis von Welt baut sich auf über Selbstverständnis, und das alles liefert uns brauchbare und schneidend scharfe, hilfreiche und schreckliche Bilder, die einen methodischen Ansatz erbringen können, um in der „schönen und grimmigen Welt" zu überstehen. Fast animalisch also. Denn das, was Gorki da sagt, liefert dem Tier sein Instinkt. Wir sind kultiviert, also hilfloser, wir brauchen da halt Lyrik …

Hammer … und wenn Literatur die Fähigkeit hat, Erfahrungen zu übertragen und in den Erfahrungsbestand anderer Menschen zu überführen — ist damit nicht schon viel erreicht? Um weiterzufragen: Was können Ihre Figuren noch an Selbstveränderung wie Veränderung von Wirklichkeit bewirken? Das Individuum ist ja nicht nur Produkt der sozialistischen Gesellschaft, sondern auch Faktor ihrer Veränderung, indem es sich in der Gesellschaft, partiell auch gegen sie, durchsetzt und dazu verhilft, daß diese Gesellschaft ständig neue Menschlichkeit und Subjektivität produziert.

Hein Ja, ich bin nur soweit Individuum, wie ich mir meiner eigenen Situation bewußt bin. Es gibt da die Verhältnisse, und wir wissen, daß sie einigermaßen begonnen haben, bevor wir geboren werden. Das ist Hölderlins bleierne Zeit, die da auf uns lastet, aber das ist nur die eine Seite, und spannend wird es halt erst dort, wo wir den einigermaßen vorgefundenen Verhältnissen unser gleichfalls einigermaßen anderes Ich entgegensetzen und behaupten. Von Interesse ist, wo wir uns einbringen können und wie weit wir es, trotz aller Unmöglichkeit eines Sich-Einbringens, durchstehen. Leben, obgleich es absurd ist, um Pascal zu paraphrasieren.

Hammer Bleibt denn aber diese Bewußtwerdung etwa in Ihrer Racine-Figur nicht letztlich folgenlos?

Hein Meine Geschichten sind keine moralischen Appelle. Für diese Racine-Figur ist wichtig, daß sie auch ihre Schäbigkeiten erkennt, sie wird mit ihnen leben müssen. Aber bestimmte Schäbigkeiten werden diesem Racine auch schon nicht mehr möglich sein, weil er sie mit Bewußtsein zu begehen hat. Es sind kleine Schritte, die er (und ich und Sie) gehen können, sie sind irgendwie auch lächerlich, aber sie dennoch zu gehen ist ein Ansatz in die Menschwerdung hinein, ein Ausgang aus der selbstverschuldeten Unmündigkeit.

Hammer Sie bekennen sich zu Autoren wie Kleist oder Johann Peter Hebel, die ihre Texte wie Protokolle schrieben, wo die Leidenschaft nicht im Bericht, sondern in der Sache liegt, wo das Ich des Autors draußen bleibt.

Hein Das würde zu meinem Literaturverständnis mit dazugehören, jene Stilisten, bei denen der Autor sich zurückhält, nicht daß er nicht Farbe bekennt oder nicht betroffen ist. Ich habe bei Gabriel García Marquez gelesen, daß er diese Gelassenheit fand, als ihm seine Großeltern die wunderlichsten Geschichten erzählten. Wenn wir uns die Grimmsche Märchensammlung ansehen, die Originalfassung, nicht die verblasenen, vergoldeten Gute-Nacht-Geschichten, die man uns seit über einem Jahrhundert als Grimmsche Märchensammlung anbietet, sondern die knappen, rauhen Originalmärchen, die alle nicht sehr freundlich sind, weil sie mit Erfahrungen gedichtet, weitererzählt und verdichtet wurden, finden wir ähnliche Tugenden des Erzählens. Mit freundlicher, sanfter Stimme wird von den Schrecken der Welt berichtet. Diese alten Märchenerzähler wichen nicht ins Unverbindliche aus, in die versöhnliche Geste der Apotheose. Sie hatten allerdings auch ein Publikum, das an der Wahrheit sehr direkt interessiert war: verlogene Beschönigungen erweisen sich immer als tödlich. Wären die Menschen allein mit einer Dramaturgie und Weltsicht ausgerüstet, wie sie das Kleinbürgertum, der Boulevard, die Television zu verbreiten suchen, sie kämen nicht einmal heil um eine

Straßenecke. Ich glaube, es ist diese Gelassenheit, mit der etwa Kleist oder Hebel das Ungeheuerlichste ohne Hysterie aufzeigen: So und nicht anders ist die Welt, wir müssen sie wahrnehmen, dürfen ihr nicht ausweichen, um ein Handwerkszeug, ein Vokabular zu entwickeln, um in ihr leben zu können. Da hat Literatur auch etwas mit *Lebenshilfe* zu tun, sie kann Individuen dazu bewegen, Erfahrungen aufzunehmen, um mit ein wenig mehr Wissen die eigenen zu verarbeiten, produktiv zu machen. Und bei diesem Vorgang ist mir die ruhige, welterfahrene Haltung von Kleist, Hebel, Kafka, García Marquez, Borges einfach sehr angenehm.

Hammer In diesen Wochen erscheint ein Band mit ausgewählten Stücken, ein CROMWELL- und LASSALLE-Stück, ein Gegenwartsstück und eine Lenz-Bearbeitung, die in Schwerin uraufgeführt werden soll. Wie sind überhaupt Ihre Erfahrungen mit dem Theater?

Hein Nun, es werden alljährlich bis zu zehn Aufführungen meiner Stücke angekündigt, tatsächlich kommen manchmal eine, jahrelang keine. Doch ich bin nicht hoffnungslos. Unsere Theater haben ein prächtiges, ungebrochenes Verhältnis zum Erbe. Wenn wir nur etwas Geduld und Seelenstärke aufbringen, so können wir zu meinem 25., 50. et cetera Todestag Inszenierungen der Stücke erleben. Sehen Sie, bereits wenige Jahrzehnte nach Goethes Tod dämmerte im deutschen Theater die Ahnung, daß möglicherweise doch nicht Kotzebue der wichtigste Dramatiker der Goethezeit war. Schon siebzig Jahre nach Büchners Tod werden seine Stücke uraufgeführt. Und Brecht war noch nicht einmal fünf Jahre tot, als er bereits als Talent von den Bühnen entdeckt wurde. Das Verdienst der deutschen Schauspielhäuser an einer guten deutschen Prosa ist wiederholt gerühmt worden, und unsere Theater achten da auf Tradition. Wichtige, uns unersetzliche epische Arbeiten eines Goethe oder Kleist verdanken wir dem Desinteresse an den dramatischen Arbeiten jener Autoren. Anderen, Grabbe oder Lenz etwa, die weniger Spaß oder Lust für Prosa aufbrachten, blieb halt nur Verzweiflung, Alkohol, früher Tod. Tatsächlich bin ich recht zuversichtlich: Nach den großen Theaterphasen Anfang bis Mitte der 50er Jahre, gab es einen Einbruch. Derzeit ist das Deutsche Theater wegen Baumaßnahmen geschlossen, die übrigen Berliner Sprechbühnen machen einen gleichfalls sehr geschlossenen Eindruck. So viel Stille und Trägheit kündigt erfahrungsgemäß einen neuen Aufschwung, eine Blütezeit des Theaters an.

Hammer In Ihren für den Dramenband ausgewählten Stücken werden Kunstformen aus der Zeit der Stück-Figuren und -Handlung mit aufgearbeitet — Shakespeare im CROMWELL, das Salonstück des 19. Jahrhunderts im LASSALLE-Stück. Was beabsichtigen Sie mit diesen Zitierungen, weshalb erfolgt überhaupt der Figurenaufschluß wesentlich von der privaten Existenz her? Denn müssen Sie bei einer historisch so zwielichtigen Gestalt wie Lassalle mit der beabsichtigten Travestie eines Arbeiterführerlebens, das sich zwischen bürgerlichem Salon und einer Klasse abspielt, die er nicht erreichen kann, nicht auch mit der Lassalle-Legende rechnen, mit der Tatsache, daß bis heute von bürgerlichen und rechten sozialdemokratischen Historikern die Auffassung vertreten wird, daß nicht Marx und Engels, sondern Lassalle der Begründer der deutschen Arbeiterpartei sei?

Hein Ein Interessenpunkt an dem Lassalle-Stück ist der, daß sich in der Nach-48er-Gesellschaft ein Individuum der bürgerlichen oder kleinbürgerlichen Klasse zum Führer der Arbeiterklasse macht, die auf ihn angewiesen ist. Der Versuch der erwünschten Annäherung an die andere Klasse scheitert. Das Versagen einer Figur wie Lassalle ist auch das Versagen einer Klasse, zu der er sich gerufen fühlt. Und seine persönliche Verkommenheit ist eine ihm erlaubte Verkommenheit, die er wahrnimmt, mit der er aber nicht anders hinkommt, als so einen verschleierten Selbstmord zu begehen, weil ihm andere Alternativen nicht mehr möglich sind. So wird er zum Terroristen gegen sich selbst.

Der Titel Lassalle fragt Herrn Herbert nach Sonja. Die Szene ein Salon betont das Anekdotische der Geschichte. Für Shakespeares Publikum wurden noch große Vorgänge auf einer Königsebene darstellbar. Im Lassalle-Stück finden Haupt- und Staatsaktionen in den tristen Formen des Salons statt. Ein Ansatz einer solchen Auffassung ist bei Büchner zu finden, seiner Titelfigur Danton passieren die entscheidenden Dinge im fast privaten Bereich. Es stellt sich die Frage: Wie weit ist die Geschichte heute für uns noch erreichbar, wahrnehmbar? Das Schlachtfeld oder das Parlament bringen nicht mehr den Punkt der Geschichte, das sind nur die Ergebnisse, die Folgerungen, die Geschichte im Salon ergeben haben. Jedes Ereignis zeigt sich uns nur noch als Spitze eines Eisberges: Hinter den offenliegenden Tatsachen steckt ein sich verborgen haltendes Netz von Ursachen und Interessen. Wir haben derzeit allen Anlaß, um den Frieden besorgt zu sein, weil ein mächtig gewordener Schauspieler an den todbringenden Knöpfen spielt und die Erdkugel als Bühne

128

seiner Macht ausprobieren will und dabei die Auslö-
schung Europas (und Europa, das sind Millionen von
Menschen und jahrtausendalte Kulturen) wie ein Da-
menopfer beim Schach bereits erwägt. Was wollen
Sie da mit einer Dramaturgie eines Sophokles oder
Shakespeare ausrichten, die vergleichsweise geradezu vernunftgemäße und humanistische Schlächte-
reien zu beschreiben hatten. Wäre es nicht fürchterli-
cher, mörderischer Ernst, man möchte es für eine
blasphemische Tragigroteske eines Chaplin halten,
entsprungen der Fantasie, der trunkenen Fantasie
eines Brendan Behan.

Brief an M. F., Regisseur
der westdeutschen Erstaufführung
von SCHLÖTEL ODER WAS SOLLS

Lieber Matthias Fontheim,
nach Euren erneuten Änderungen bin ich zuversichtli-
cher. Eure erste Strichfassung reduzierte das Stück auf
die (mich langweilenden) Fakten. Der Neuigkeiten wegen wird, denke ich, kein Stück geschrieben oder gespielt. Ein Stück und eine Inszenierung müssen andere
Tugenden haben, Tatsachen sind auf der Bühne langweilig. (Nicht die britische Geschichte oder Thronfolge
sind es, die unser Interesse an den LEAR binden.)
   Striche in Bühnentexten bei Inszenierungen werden
stets umstritten bleiben. Gegenseitige Verdächtigun-
gen (Autoreneitelkeit, Regiewillkür) können nur das gegenseitige Unverständnis fördern. Es wird immer gute
und akzeptable Gründe für Striche geben, denn nicht
jede Aufführung kann die bei uns gewöhnliche Dauer
eines Theaterabends von zwei, drei Stunden weit überschreiten, und nicht jede Bühne hat genügend Schauspieler und räumliche und finanzielle Mittel, um jedes
Stück uneingeschränkt inszenieren zu können. Und es
wird immer gute und akzeptable Gründe geben, die gegen einen solchen Eingriff in ein Stück sprechen.
   Stückeschreiber sind angehalten, knapp und dicht zu
formulieren, Opulenz und barocke Beredsamkeit können in der Prosa vorzüglich sein, in der Dramatik
nie. Die überlieferten Stücke aus einem Zeitraum von

2500 Jahren verbindet eine Gemeinsamkeit: sie sind schlank. Die lapidare, bündige Notierung ist eine Voraussetzung für eine uns betreffende Nutzung auch der überlieferten Texte: die Interpretation durch das zeitgenössische Theater wird nicht durch ausschmückendes, zeitbedingtes Beiwerk behindert.

Striche haben Tradition. Durch die Jahrtausende war und ist es das Handwerk beamteter oder selbsternannter Zensoren, zu streichen. Der Buchdruck ließ auch die Zensoren aufleben: kein Genre der Literatur, kaum ein Autor von Bedeutung, die nicht unter den Strich kamen. Schüler, Hausfrauen, religiöse Gemeinschaften et cetera bekamen statt Literatur gereinigte Torsos vorgesetzt, weil die originalen Texte als zu umfänglich, zu obszön, zu pessimistisch, zu aufrührerisch usw. galten.

Das Handwerk des Streichens ernährt noch immer seinen Mann, geriet aber in Verruf. Ich lernte in den letzten zwei Jahrzehnten keinen Zensor kennen, der noch gesteigerten Wert auf seinen Titel legte. Auf Tradition sieht hier allein das Theater. Was gestrichen ist, sagt das Theater, kann nicht durchfallen. Bemerkenswert an diesem Satz ist, daß er trotz seiner Kürze drei gravierende Fehler enthält.

Erstens, was gestrichen wurde, ist durchgefallen. Nämlich beim Theater, das ansonsten nicht gestrichen hätte. Zweitens, ein Strich in einem Stück, das wirklich ein Stück ist und also die oben erwähnte Tugend besitzt, verletzt notwendigerweise das Werk und kann es in seiner (beschädigten) Gesamtheit zu Fall bringen. Und schließlich: gestrichen wird — wie auch immer die jeweiligen Erklärungen lauten — um Schwierigkeiten zu entgehen.

Schwierigkeiten zu begegnen ist aber (nicht nur auf der Bühne und nicht nur in der Kunst) das einzig Lohnende aller unsrer Bemühungen. Demjenigen, der vor den Schwierigkeiten steht, ist dies wenig einsehbar; vor den Genuß ist die Mühe gesetzt. Natürlich, auch das Streichen von Schwierigkeiten ist eine mögliche Art, ihnen zu begegnen. Jedoch wie der Strick kann der Strich nicht nur die Schwierigkeit aus der Welt schaffen, sondern alles. Aber ich will mich nicht mit einem alten Theatersatz streiten. Wie alle schlagenden Sätze lebt er nicht aus Sinn und Logik, er lebt, weil er schlagend ist.

Ich habe Euch vor diesem Stück gewarnt und auf andere, leichter verständliche verwiesen. Daß Ihr dennoch daran festhaltet, läßt mich hoffen; ich bin um so mehr an dem Ergebnis Eurer Arbeit interessiert.

Ich habe Euch gewarnt, weil das Stück SCHLÖTEL ODER WAS SOLLS aus einem für Euch sehr fernen Land kommt und von Personen und Ereignissen erzählt, die Euch noch ferner sind. Die Entfernung ist offenbar durch die geographische, geschichtliche, kulturelle Nähe bedingt. Es gibt deutsch-deutsche Verständigungsschwierigkeiten, die wohl daher rühren, daß die Texte nicht übersetzt werden können, aber übersetzt werden müßten. Mark Twain sprach davon, daß die Vereinigten Staaten und Großbritannien sich durch eine gemeinsame Sprache unterscheiden. Gemeinsamkeiten sind nicht nur hilfreich, sondern auch hinderlich und (verständnis-)störend. Hekubas Klage berührt uns, weil Hekuba uns fremd ist. Mit der Nähe wächst der schützende Panzer unserer Urteile und Vorurteile; letztere sind undurchdringlich, weil sie erfahrungslos sind. Erfahrungen sind es, die uns aufbrechen, die von dem Riß in der Welt zu einem Riß in uns führen, die unsere Sicherheit brüchig machen. Erfahrungen zu akzeptieren und sie anzunehmen, das ist es, was wir Haltung nennen.

Ich muß persönlicher werden und von einem beobachteten Unterschied der Reaktionen auf meine Arbeiten sprechen. In den nichtdeutschsprachigen Ländern, in denen Bücher und Stücke von mir veröffentlicht wurden, reagierte die Kritik verschieden, aber stets reagierte sie auf meine Literatur. In Westdeutschland rezensierte ein großer Teil der professionellen Kritik nicht meine Arbeiten, man besprach meine politische Haltung bzw. das, was man als mein politisches Credo auszumachen glaubte.

Es gibt — wenn man einigen Eurer Literatur- und Theaterkritiker folgt — in der DDR ausschließlich kritische und mutige Autoren oder Opportunisten. Ich habe Rezensionen erhalten, in denen tatsächlich auf einer halben Zeitungsseite nicht mehr mitgeteilt wird, als daß ich ein mutiger und kritischer Mann bin. Ich bin natürlich dafür, daß wir alle mutig sind. Und ich hoffe für mich, es ein bißchen zu sein. Ich bin auch immer für eine kritische Haltung, wissend, daß eine kritische Haltung immer zuerst eine selbstkritische sein muß, ansonsten ist sie Heuchelei. Aber ich bezweifle, daß die Meßlatten Mut und Kritik geeignete Kriterien für die Literaturbetrachtung sind. Als ausschließliches Instrumentarium sind sie auf jeden Fall unbrauchbar. Ich weiß nicht, ob Kafka und Robert Walser mutig waren; ich vermute nach Kenntnis ihrer Werke, sie waren es kaum oder doch viel weniger als zum Beispiel Anna Seghers und Brecht. Und bei Shakespeare deutet viel darauf, daß er — um arbeiten zu können — sich auch opportunistisch verhielt. Ändert das etwas daran, daß Kafka, Robert Walser, die Seghers und Brecht vier der größten Autoren unseres Jahrhunderts sind und daß Shakespeare in der gesamten Weltliteratur unvergleichlich ist? Ich hoffe, es ändert auch für die westdeutschen Kritiker nichts daran, wenngleich ich nicht vergessen will, daß vor zwanzig, dreißig Jahren die westdeutsche

Kritik (nicht unisono, gottlob) zwei sehr mutige Autoren, nämlich die Seghers und den Brecht, für längere Zeit in das Schubfach „Opportunisten" steckte. Ein solches Urteilen mag sich politisch dünken, es ist lediglich Politik.

(Zwei Anmerkungen: 1. Das Gesagte gilt nicht ausnahmslos. Es gab und gibt Kritiker bei Euch, die ihr Handwerk beherrschen und die Haltung zeigen.

2. Ich sprach ausschließlich über einen Teil der berufsmäßigen Kritik. In meinem Land unterscheidet sich die Resonanz des Publikums gelegentlich erheblich von den Äußerungen der Kritiker. Über die Gründe dafür bin ich unterrichtet. Über die Ursachen einer vergleichbaren Differenz in Eurem Land bin ich unzureichend informiert, und spekulieren will ich nicht.)

SCHLÖTEL ODER WAS SOLLS schrieb ich Anfang der siebziger Jahre. Aus einer Szenenfolge von zirka 200 Seiten wurde ein Viertel des Textes für eine Aufführung in der Berliner Volksbühne ausgewählt (der gesamte Text hätte eine Spieldauer von acht Stunden erfordert). Die Inszenierung hatte große Mängel, gab mir aber die Möglichkeit, den Text auszuprobieren, ihn zu erproben. Nach der Inszenierung schrieb ich die heute vorliegende Fassung. Die Dramaturgie des Stücks interessiert mich noch immer, auch wenn ich in der Folgezeit anderes versuchte. Sie erlaubt Unmittelbarkeit und eingreifende Nähe. Sie verbietet Naturalismus. Das letzte Wort hat wie immer das Theater. Ich hoffe wie stets auf Widersprüchliches.

Linker Kolonialismus
oder Der Wille zum Feuilleton

Ich habe Sloterdijks Kritik der zynischen Vernunft* mit grimmigem Interesse gelesen, unwillig und verblüfft, erstaunt und gelangweilt. Der Autor versammelt in seiner Arbeit einiges von dem, was für mich die BRD ausmacht. Er fixiert ein Lebensgefühl, das seine westdeutschen Leser gewiß nirgends überrascht, eher bestätigt. Sloterdijk bietet eine Summe modischer Trends und Kults, versehen mit dem Glamour des Feuilletons. Er ist weniger originell als vielmehr Sammelbecken seiner Zeit und Gesellschaft. Das Anrührendste ist die Hilflosigkeit der Schrift, das Dümmste ihre Arroganz, das Verständlichste ihre Beschränkung, penetrant ihre Selbstgefälligkeit. Er gibt vor, den Zynismus erfassen zu wollen, spielt mit einem Bezug auf Kant und Heine und vergißt dabei ganz, daß man seine Positionslichter festmachen muß, wie eben der Königsberger Kant und der unfreiwillige Franzose Heine. Haltung zeigen, auch da, wo es nicht mehr modisch ist und sich die halbe Gesellschaft darüber amüsieren will. Statt dessen läßt man leuchten, ohne sich festzulegen, irrlichtert überall ein wenig, und wo es gilt, den schnöden, weil zu moralischen Anker zu werfen und die Flagge zu zeigen, setzt man auf die tän-

---

* Peter Sloterdijk: „Kritik der zynischen Vernunft", Frankfurt a. M. 1983.

zelnde Analyse des Zynismus selbst einen Zynismus, um nur für nichts einzustehen.

Die Werte sind verramscht worden, also ist alles wertlos. Da spielt man mit Nietzsche, hat aber nicht seine Kraft und Konsequenz, das erkannte Paradox der Existenz auszuhalten, im Paradox den Grund zur Existenz zu suchen. Mephistopheles sein wollen, ohne zu begreifen, daß man dann verurteilt ist, der Menschheit einen Moralisten — einen teuflischen, gewiß — zu spielen, macht nur Dünnbier. Man merkts und setzt halt einen Zynismus drauf, um die Nase vorn zu haben.

Da wird Frechheit zur höchsten Tugend, und Sloterdijk eröffnet — in bekannter modischer Wendung gegen Schulphilosophie und Wissenssysteme — ein groteskes Wachsfigurenkabinett, das für eine über zweitausendjährige Geistes- und Kulturgeschichte stehen soll. Die geistigen Hebammen dieser Zangengeburt waren nicht, wie Sloterdijk behauptet, die Philosophen Kant und Heine, Geburtshelfer war allein Prokrustes.

Zynisch und kynisch lauten die neuen Wundervokabeln, die nun die Welt so übersichtlich ordnen. Zynismus ist nach Sloterdijk „aufgeklärt falsches Bewußtsein", eine morallose Herrenhaltung der Ideologie und Maskerade. Dagegen steht als plebejische Attitüde das Allheilmittel Kynismus, das sich, frech und lebendig, subversiv und erheiternd, der westdeutschen Linken nach vielen Enttäuschungen und verlorenen Hoffnungen als neues Traumboot anbietet.

Sloterdijk beginnt mit einem turbulenten Wirbel und dem unbedingten Willen zum Feuilleton seine Neuordnung. Als Stammvater benennt er Diogenes von Sinope und beweist damit eine glückliche Hand: Mit einem Philosophen, von dem nur eindeutig unechte Briefe überliefert sind sowie ein paar Anekdoten, läßt sichs feuilletonistisch glänzend spielen.

Und beliebig bleibts. Wie Sloterdijk mit Philosophen und Texten umgeht, von Sokrates bis in die jüngste Zeit, ist geprägt von dem unbekümmert fröhlichen Atem des Feuilletons, des Unterm-Strich. Fälschungen und Verdrehungen, jedoch ein Schelm, wer Arges dabei denkt. Denn Sloterdijk verkündet: „Ich behandle Diogenes, wie die übrigen kynischen und zynischen Figuren, aktualistisch, nicht historisch-kritisch." Und: „... doch der Weisheit letzter Schluß ist oft der, daß man es mit dem Überlieferten nicht zu genau nehmen darf. Darin liegt natürlich auch eine große hermeneutische Chance, und von der machen wir hier hemmungslos Gebrauch."

Mit diesem selbstausgestellten Freibrief wird ihm nun in der Tat alles möglich, und *hemmungslos* verteilt er in der Weltgeschichte seine Aufkleber Zynismus und Kynismus. Wo sich Geschichte und geschichtliche Personen diesem einfältigen Etikettenschwindel allzu deutlich entziehen, werden sie „aktualistisch behandelt", eine Methode, die an die Tortur erinnert, an den Spanischen Stiefel.

Sokrates und Plato erscheinen als zwei dümmliche Tröpfe und Polizeiagenten aus Neigung. Descartes wird von Sloterdijk als ein Popanz des Zynismus dargestellt, weil er selbst unfähig ist, dessen methodischen Zweifel zu begreifen, den ideengeschichtlichen und politischen Gehalt auch nur zu erahnen. Was er zu Carnap, zu Wittgenstein und anderen zu sagen hat, ist Halbwissen, sind Vorurteile, geboren aus dem Entschluß zur Verurteilung. Kynismus als Leichenfledderei, Sloterdijk nennts „Erheiterungsarbeit".

Aber wer vorsätzlich das Überlieferte nicht genau nehmen will, ist natürlich auch nicht mehr kritisierbar. Nichts zu ernst nehmen, das ist die Losung. Das ganze Unternehmen will wohl nicht mehr sein als ein neues

Produkt westlicher Unterhaltungsindustrie, ein Verwirr-spiel für Studentencafés.

Bemerkenswert ist die Tendenz dieser Neuen Linken: Konservatismus ist angesagt und Antikommunismus. Bei Sloterdijk beginnt es als Marxkritik. Marx wird selbstverständlich *aktualistisch* kritisiert und *hemmungslos ungenau* dargestellt. Da wird, wenn einmal ausnahmsweise zitiert wird, der Text aus seinem Zusammenhang gerissen und verkürzt, bis der Sinn seinen Geist aufgegeben hat und die auf diesem Prokrustesbett erhaltene Fälschung den Zynismus von Marx belegen kann. Da werden Marx Ansichten unterstellt, die dieser selbst kritisierte; völlig verdreht stellt Sloterdijk Marx' Auffassungen zum Bewußtsein, zum Staat, zur Revolutionstheorie dar. Von überwältigender Komik sind Sloterdijks Ausführungen, Marx habe in einer Art Bildungsverein das Arbeiterbewußtsein schulen wollen, bis sich „dieses Bewußtsein in revolutionäre Praxis" umsetzt, oder wenn er in Kleinbürgermanier den ewig-unpolitischen Menschen wiedermal inthronisiert, für den Marxismus nichts weiter ist als ein Schreckgespenst mit dem „Willen zur Macht".

Schließlich bietet Sloterdijk mit unnachahmlich bescheidener Geste die Sprache seiner KRITIK DER ZYNISCHEN VERNUNFT an, um die „Geschichte der Unterdrükkung im Namen der marxistischen Ideologie" zu erzählen. Und die Beispiele dieser Sprache, die er uns liefert, sind atemberaubend: Da wird Marx mit Stalin widerlegt, da wird aus Lenin ein Terrorist, Stalin und Hitler werden identisch und Lunatscharski und Goebbels, da erweist sich der Kommunismus als Faschismus. Tatsächlich hemmungslos. Oder wie Sloterdijk den Fall Althusser darstellt: Wer allzuviel Marx liest, bringt zwangsläufig seine Frau um.

Sloterdijk nennt sein Verfahren Psychopathologie des Marxismus. Seine Sprache der KRITIK DER ZYNISCHEN VERNUNFT erweist sich hier als die zynische Sprache von BILD. Oder um mit Heine zu sprechen: „Der Hund, dem man einen Maulkorb anlegte, bellt mit dem Hintern. — Das Denken auf Umweg äußert sich noch mißduftiger, durch Perfidie des Ausdrucks —."

Und das Buch ist kein Einzelfall. Kürzlich las ich bei einem westdeutschen Wissenschaftler, die Widerstandskämpfer gegen die Nazidiktatur seien Opfer ihres ununterdrückbaren Aufbegehrens gegen jedwede Autorität geworden. Sie seien — wie gewalttätige Demonstranten heute — psychologisch für eine Kollision mit der staatlichen Ordnungsmacht prädestiniert gewesen. Das ist Sloterdijks Geist: eine Psychopathologie des antifaschistischen Widerstands.

Oder nehmen wir das Geschrei um die Hitler-Tagebücher: War es denn nie völlig gleichgültig, ob diese Tagebücher echt oder gefälscht sind? Wieso war die Fälschung der Skandal, nicht aber das ungeheuerliche Ansinnen, die Hitlertagebücher würden unser Faschismusbild korrigieren? Welchen Wert hätten denn echte Tagebücher? Ist auch nur ein Satz von Hitler denkbar, der die geringste Korrektur der Historie erforderlich machen könnte? Er war doch kein Mörder und auch kein Massenmörder, dessen Psyche von Relevanz wäre. Es geht um Völkermord, und es ist völlig unerheblich, wie es in der Seele eines Faschisten aussieht, wenn Millionen Ermordete auf Deutschlands Erde liegen, noch lange nicht unter ihr. Der Faschismus war doch nicht das Werk eines Einzeltäters. Um den Faschismus und seine Ursachen aufzudecken, wäre eine Analyse des kapitalistischen Systems allemal aufschlußreicher — wie selbst die CDU einst feststellte, nimmt man ihr Parteiprogramm Ende der 40er Jahre, ihr Ahlener Wirtschaftsprogramm oder die Düsseldorfer Leitsätze vor. Ein Neudruck dieser Dokumente wäre dem STERN billiger gekommen und hätte mehr Aufklärung über den Faschismus gebracht als selbst echte Tagebücher von Hitler. Aber von diesen Dokumenten hat sich wohl nicht nur die CDU längst verabschiedet, der Zeitgeist hat im Westen wiedermal gründlich gewechselt. So wurde in den vergangenen Jahren aus dem faschistischen Völkermord ein viel abstrakterer Holocaust und schließlich nur noch „Holocaust", eine amerikanische Krimi- und Familienserie. Und folgerichtig versuchen nicht nur die neofaschistischen Zeitungen, die Existenz der Gaskammern von Auschwitz zu leugnen, auch in LE MONDE wurden Zweifel laut. Völkermord oder Holocaust, das ist kein Streit um Worte. Die Auswechslung der Begriffe verweist auf eine fatale Tendenz der westdeutschen Gesellschaft und ihrer Feuilletons.

Aber zurück zu Sloterdijk. Er beruft sich auf Heinrich Heine, auf dessen Witz und Frechheit, und — analog dem Kleinbürgertum der Jahrhundertwende, das sich seinen Heine ausschließlich aus dem BUCH DER LIEDER zusammenbastelte — unterschlägt er den Moralisten Heine, den unaufhörlich Engagierten, den Mann, der nicht nur die Marketenderin küßte, sondern auch die Trommel zu schlagen wußte, weil nur beides die *ganze* Wissenschaft ist.

Sloterdijks Neuordnung der Weltgeister trennt die Seriösen und Zynischen von den Frechen und Kynischen. Die ersteren übernehmen „Verantwortung für das nicht Verantwortbare", die anderen treten „verantwortungslos für das Verantwortbare" ein. Man sieht, hier unterscheidet ein feiner deutscher Kopf, und der Unterschied ist der bekannte zwischen gelben und blauen Teufeln, die beides Teufel sind. Möge Gott uns und die Welt vor ihnen schützen, denn beide berufen sich darauf, irgendwo keine Verantwortung zu haben, und werden so kreuzgefährlich.

Nach diesem Muster ist das „Historische Hauptstück" entworfen, das die Weimarer Republik vollständig in Bewußtseinsmodelle auflöst. Das Bewußtsein und der Geist, — man ist an Max Stirner und Bruno Bauer erinnert, aber auch an DIE HEILIGE FAMILIE ODER KRITIK DER KRITISCHEN VERNUNFT und DIE DEUTSCHE IDEOLOGIE. Was Sloterdijk in dem „Historischen Hauptstück" versammelt, ist alles recht zufällig und beliebig. Partiell ist es wesentlich und richtig, und es wird völlig falsch in seinem Anspruch, Geschichtsschreibung zu sein. Denn, wie Engels schrieb, „wenn der Mann noch nicht entdeckt hat, daß, wenn die materielle Daseinsweise das primum agens ist, das nicht ausschließt, daß die ideellen Gebiete eine reagierende, aber sekundäre Einwirkung auf sie hinwiederum ausüben, so kann er doch unmöglich den Gegenstand begriffen haben, worüber er schreibt. Aber, wie gesagt, das ist alles zweiter Hand, und Moritzchen ist ein fataler Freund. Auch die materialistische Geschichtsauffassung hat deren heute eine Menge, denen sie als Vorwand dient, Geschichte *nicht* zu studieren." (BRIEF AN SCHMIDT, 5. 8. 1890)

Die wirklichen Väter der Sloterdijkschen Philosophie und Sprache sind nicht Heine und nicht Kant, sondern das westdeutsche Feuilleton und Erich Kästner. Kästners Gedichte entsprechen ungemein genau diesem Weltgefühl. Bei ihm werden ein Unbehagen und eine leichte Verzweiflung benannt und im hübschen Reim wieder genießbar. Der klarsichtige Benjamin merkte zu Kästner an, was zu Sloterdijk grundsätzlich zu sagen ist: „Nie hat man in einer ungemütlichen Situation sich's gemütlicher eingerichtet."

Bei Sloterdijk kästnerts in den Überschriften („Lebensgefühl im Zwielicht", „Schule der Beliebigkeit"), und ganze Kapitel scheinen Prosafassungen Kästnerscher Chansons zu sein („Zur Psychosomatik des Zeitgeistes", „Bombenmeditation" etc.). Nein, ich kann die Ansicht, der Mann habe zumindest einen guten Stil, nicht teilen. Sloterdijk redet verquast, schwärmt, spielt selbstgefällig mit Bildern, unbesorgt um Sinn oder Unsinn. Er ist — nach Manier des Feuilletons — eher bereit, die Weltanschauung zu wechseln als auf eine ihm gelungen scheinende Formulierung zu verzichten. Was ist das für eine Idiotie, seitenlang über Ärsche zu reden mit Sätzen wie: „Der Arsch triumphiert heimlich durch das Bewußtsein, daß es ohne ihn nicht geht." „Auf allen Klos aller Herren Länder ist er zu Hause." Oder wenn er allen Ernstes rät: „Könnte es unserer Einfühlung in Politiker helfen, wenn wir beim Anhören ihrer Reden öfter daran denken, daß sie möglicherweise gerade damit beschäftigt sind, einen Furz zu bändigen, der schon eine Weile ihren Vortrag unterbrechen möchte?" Das ist das Niveau von Altherren-Abenden, das ist die Ideologie der Feuerzangenbowle und soll nun die der Neuen Linken sein. Nach dem Gang in die Innerlichkeit liefert Sloterdijk das Werkzeug für seine „Erheiterungsarbeit", um zu einer befreiten Innerlichkeit zu gelangen. Die ergrauten Revoluzzer üben Schmunzeln als Widerstand.

Gefährlich-unverantwortlich schwafelt Sloterdijk über die Atombombe, sie sei „der wirkliche Buddha des Westens, eine perfekte, losgelöste, souveräne Apparatur ... Unendlich ist ihre Ruhe und ihre Ironie ... Wer ganz genau zusieht, dem kann es hin und wieder vorkommen, als lächelten die Bomben spöttisch vor sich hin." Etc. Das ist kein Stil, das ist Sprachmus. Die Deutschen haben unter ihren Philosophen glänzende Stilisten gehabt wie Kant, Marx, Schopenhauer und Benjamin. Doch selbst geringeren Stilisten war bislang bewußt, daß ein deutlich gefaßter Gedanke eine Prämisse von Stil ist. Darf ich an Kant erinnern: „Daß aber der Verstand, der *denken* soll, an dessen Statt *schwärmt*, das kann ihm niemals verziehen werden ... Das ist auch die Ursache, weswegen junge Denker Metaphysik in echter dogmatischer Manier so lieben und ihr oft ihre Zeit und ihr sonst brauchbares Talent aufopfern." (Prolegomena, § 35).

„Alle Kriege sind, von der Wurzel her verstanden, Konsequenzen des Selbsterhaltungsprinzips. In der Konkurrenz der politischen Gruppen hat der Krieg seit jeher als ein Mittel gegolten, Bestand, Identität und Lebensform einer gegebenen Gesellschaft gegen den Druck des Rivalen durchzusetzen und zu verteidigen." Das ist immer noch Sloterdijk, nicht, wie man vermuten könnte, Mein Kampf. Der Vorwurf, Sloterdijk vertrete eine faschistoide Kriegsphilosophie, wäre jedoch nicht gerecht, denn die dem Zitat folgenden Seiten erhellen uns ein wenig: Der Mann ist gar nicht der Ansicht, er meint nicht, was er sagt, er schwärmte nur mal wieder.

Gelegentlich geraten Sloterdijk die eigenen Begriffe durcheinander, aber möglicherweise gilt ihm dies als „Erheiterungsarbeit, bei welcher von Anfang an feststeht, daß sie nicht so sehr Arbeit ist als Entspannung von ihr". Urlaub von der Vernunft.

Den sich selbst präsentierenden Zusammenhang von Kynismus und Zynismus übersieht Sloterdijk hartnäckig — trotz der Verwechslungen, die ihm unterlaufen. Ich will nur ein Beispiel nennen: Im Vorwort beschreibt Sloterdijk eine Szene in einem Hörsaal der Frankfurter Universität, wo 1969 demonstrierende Studentinnen vor dem alten Adorno als Zeichen des Protestes ihre Brüste entblößten. Sloterdijk nennt es „Zynismus schlechthin" und „Zynismus in Aktion". Zweihundert Seiten später bekommen die gleichen Frankfurter Brüste eine „antitheoretische Stoßrichtung", sind nun „kynisch entblößt". Wir dürfen uns seiner Fröhlichen Wissenschaft bedienen ad libitum. Sloterdijk ist verwirrt, und ich kann mit Heine sagen: „Ja, das Weib ist ein gefährliches Wesen. Ich weiß ein Lied davon zu singen." „Erheiterungsarbeit" — man weiß nicht recht, wo sie beabsichtigt ist und wo sie unfreiwillig statthat.

Es ist dürftig, was diese neue Zynismus-Kynismus-Masche zu liefern vermag. Als Ersatz von Philosophie spielt man mit der eigenen Belanglosigkeit. Ein starr gesetzter Kynismus, der die Frechheit als Gipfel einer neuen Tugendlehre präsentiert, ist trotz der vielen Seiten nicht im Ansatz durchdacht. Frechheit hat ihren Wert, zumal im puritanischen Deutschland. Doch wenn sie nichts bewirken will, wenn sie sich darin gefällt und erschöpft, vorlaut zu sein und provokant, dann wird Frechheit zum banalen Schülerwitz, zum selbstgefälligen Bürgerschreck. An dieser Stelle schlägt Kynismus direkt um in Zynismus, und Sloterdijk dokumentiert eben diesen Übergang. Das zeigen seine journalistischen Beliebigkeiten und sein gefälliger Chic, die ihn dem westdeutschen Feuilleton so leuchtend und einleuchtend machten. Sie fand ihren Feuilleton-Schutt als Philosophie wiedergeboren.

Was dieses Buch, trotz der Süffisanz und des gespreizten Halbwissens, als Dokument der Zeit wichtig macht, ist wohl das hier versammelte neue Gefühl der westdeutschen Linken, eines Teils von ihr. Die heftigen Enttäuschungen über '68 und die eigene Arbeiterklasse, über China, Kuba, Vietnam etc., über das eigene verschlissene „Hochgefühl", wie Sloterdijk sagt, brachten ihnen nun nach Jahren der Irritation und verzweifelten Suche nach Ersatz für die bald aufgegebenen Werte statt einer Haltung ein neues Flair. Sloterdijk bündelte die Surrogate von Leben und Zynismen der Hilflosigkeit, um sie als Monument einer neuen Ethik erscheinen zu lassen, postmodern, jenseits von „Hochgefühl" und Enttäuschung, bar aller Illusionen und jeden Wertes. „Die Verwandlung des politischen Kampfes aus einem Zwang zur Entscheidung in einen Gegenstand des Vergnügens, aus einem Produktionsmittel in einen Konsumartikel — das ist der letzte Schlager dieser Literatur" (Walter Benjamin). Man entdeckte: Es gibt nichts Neues unter der Sonne. Und das westdeutsche Feuilleton feiert mehr noch als diese fundamentale Entdeckung die Heimkehr des verlorenen Sohnes.

Noch vor wenigen Jahren wurde die Ambivalenz des eigenen Engagements von der westdeutschen Linken analytisch und selbstironisch erfaßt. Das war gewiß schmerzlich, denn es benannte ein Dilemma oder doch eine ausweglos scheinende Situation, und die daraus rührende Verzweiflung war sehr glaubwürdig. Ich erinnere an Lothar Baiers FREIBEUTER-Aufsatz BLEIB IM HAUS UND NÄHRE DICH REDLICH. Er schrieb da bissig und bitter: „Vietnam, ein unbehagliches Gelände. Den Auftrag, den wir zusammen mit den Waffenspenden erteilten, hat der Vietcong sehr eigenwillig ausgeführt, oder standen Umerziehungslager, Zwangsumsiedlung, Kopfgelder für Auswanderer auf dem Programm? Allerdings wurde der Auftrag zu dem Sieg im Volkskrieg, den wir meinten, auch nie gegengezeichnet. Wie auch immer, Schwamm über Vietnam. Forget it." Und mit bösem Sarkasmus fuhr er fort: „Was haben wir von ‚real kämpfenden Parteien' anderes zu erwarten als ‚reale Unterdrückung', aufgrund der geschichtlichen Erfahrung, die wir gemacht haben? Laßt euch ruhig massakrieren, Bauern von El Salvador! (...) Der Thermidor kommt sowieso, die Revolution könnt ihr euch sparen. (...) So nistete sich die ‚Auflösung des Menschen' in den Köpfen ein und sorgte dafür, daß eine Warnlampe aufleuchtete, sobald jemand von menschlichem Zusammenleben, von Entfremdung, von Humanität, Solidarität, Unterdrückung oder Befreiung sprach: Vorsicht, hier spricht einer von gestern."

Was Baier da höhnisch-gruselig entwarf, in Sloterdijk bläht es sich verantwortungslos zur neuen Haltung. Engagement ist für ihn nur noch ein Zeichen von Unmündigkeit und Unterentwicklung des Intellekts, von fehlender oder nicht verarbeiteter Erfahrung, und nur noch bei Völkern anzutreffen, „die in der ersten Dämmerung der patriotischen Reflexion leben und noch die Unschuld des Anfangs für sich haben". Sloterdijk belächelt die alte Kampflosung „Was ist der Dritte Stand? Nichts. Was will er werden? Alles!" und mit ihr den Anspruch der kämpfenden Klasse und ihr Recht auf die Expropriation der Expropriateure als eine „verheerende Selbststilisierung der Gegenmacht, eine falsche Logisierung des politischen Kampfes".

Sieht man ihn nicht, diesen Philosophen Sloterdijk, wie er gegen die französische Revolution und die russische aufsteht, wie er mit ausgestrecktem Arm in Süd- und Mittelamerika die Volksmassen aufhält, um ihnen sein aus zynischer Vernunft gewonnenes Falsch! vernichtend entgegenzuschleudern? Und als Essenz seines Werkes präsentiert er unverhohlen Innerlichkeit statt Solidarität und Opportunismus statt Engagement, wenn er schreibt, „daß die Dinge vielleicht wieder in Fluß und Ordnung kommen können, wenn wir als Subjekte abrüsten und vor seriös getarnten, zerstörerischen Aktivismen ins Seinlassen zurücktreten". Das ist der Offenbarungseid eines Zynismus, der Solidarität und Engagement als Kinderkrankheiten endgültig abgelegt hat, sie müde belächelt, um ins „Seinlassen zurückzutreten", in die Industrie, den Markt und die wirklich herrschenden Medien. Der nach etwas Sturm und Drang endlich in Papas Geschäft ging, um seinen Teil zu dem beizutragen, von dem es auch in seiner aufmüpfigen Zeit immer und gut gelebt hat: dem kapitalistischen System. Ein paar Opfer sind zu beklagen, sie hatten sich zu weit vorgewagt. Der Rest kann die Wende vollziehen. Lediglich ein paar Bücher hat man auszusortieren und in den Müll zu werfen, um der neuen Philosophie gebührend Platz einzuräumen. Die Zeitschriften wechseln ihre unverrückbaren Grundsätze, wenns sein muß, alle fünf Jahre, jeweils mit einer Sondernummer, die schonungslos die alten Ansichten entlarvt und vernichtet. Oder Personen wechseln, um zum gleichen Ergebnis zu kommen. Das springt dann von KURSBUCH zu TRANSATLANTIK und weiter zu STERN und CAPITAL, ohne Muskelverzerrung oder Verstauchung. Und ich, ein Hinterwäldler aus einem jener sozialistischen Länder, zu denen dieser Art Linken nur noch müde Zynismen einfallen, stehe staunend vor diesen Großmeistern des Wedelns.

Da engagierte man sich einst für Kuba, Vietnam, China, und bald darauf wurde die große Enttäuschung und Ernüchterung über Kuba, Vietnam, China ebenso chic formuliert. Da war oder ist man für Frauen und für die Sintis, für die Homosexuellen und gegen den Numerus clausus, für die französische Küche und die Abtreibung, aber gegen Gewalt, für den Wald und gegen „BILD", für den New York-Urlaub und gegen die Hundescheiße. Profis des Engagements, ebenso professionell aber auch im Wechsel der Solidarität. Und man ist so ehrlich, so intelligent und analytisch, auf all das die Selbstentlarvung zu setzen, sich und sein verblichenes Engagement herunterzuputzen und mit den Trümmern im Kopf die selbstzerstörerische Wende zu machen, mit

Ironie oder Zynismus die Kurve zu nehmen, möglichst zur größeren Zeitung, zur vormals verteufelten Universität oder direkt in die Industrie.

Es ist, und die Häufung der modischen Haltungen und Ansichten bei Sloterdijk macht es nur deutlicher, die einzige Moral, die da noch zu haben ist, und alle Ironie und aller Zynismus belegen nur, daß man verzweifelt nach einer Moral Ausschau hält. Ihr Fehlen wird glänzend — natürlich, immer glänzend — konstatiert: ausweglos, aber das mit zierlicher Schrittfolge vorgetragen. Galgenhumor als Aperçu, um das sich die Feuilletonchefs balgen.

Nun ist Kuba abgelegt, erledigt. Man war da, fand nichts vom Café Einstein, entsetzte sich über die Verfolgung von Homosexuellen, die mangelnde Pluralität etc. Man begriff nichts von Tradition, von vergangenen Jahrhunderten, die sich nicht mit einer „Demo" und einem „Kritischen Seminar" überspringen lassen, die weiter wirken, unendlich lange. Man hat Kuba abgelegt (und Vietnam und China), abgelegt aus einem einzigen Grund: weil man es ablegen konnte. Es war, stellte sich nun heraus, doch nicht die eigene Haut, die man zu Markte trug, sondern lediglich ein schnell vergilbendes Flugblatt, mit dem man sich verwechselt hatte.

Ist es möglich, daß es ein angemaßtes Engagement gibt? Könnte es sein, daß, was die Neue Linke vor Jahren als Solidarität verstand, nichts anderes war als die übliche arrogante Herrenhaltung der westlichen Industrieländer gegenüber Ländern, die man, mit ererbter Überlegenheit, als zweite und dritte Welt bezeichnet? Sozusagen ein Kolonialismus der Linken? Und vielleicht gab es gar keine „Wende" und keine „Neue Linke", sondern ein bislang unter roten Parolen versteckter Zynismus offenbarte sich?

Vor zwanzig Jahren, in einem kleinen Warschauer

Hotel, blätterte ich in einer US-Frauenzeitschrift, die wohl der Vormieter in dem Zimmer liegengelassen hatte. Eine Nordamerikanerin teilte der Redaktion in einem Leserbrief mit, sie habe zusammen mit ihrem Mann eine Weltreise unternommen. Sie nannte die besuchten Länder, und es waren so viele, daß die Bezeichnung Weltreise nicht übertrieben war. Nach ihrer Aufzählung der Länder und Städte teilte die Dame lakonisch mit, daß sie, endlich in die USA zurückgekehrt, nur sagen könne: Thank heaven for our american way of life.

Ich kann nur ahnen, welche fürchterlichen Erlebnisse die Dame aus den USA zu ihrem Stoßseufzer bewogen haben. Vielleicht gab es damals in Venedig weder Steaks noch Hamburger. Vielleicht war in ganz Indien kein Film zu sehen, der eines Oscars würdig war. Möglicherweise mußte sie in Moskau in einem Auto fahren, das sie daheim nicht einmal ihrem Personal zugemutet hätte. Ganz zu schweigen von dem unverschämten Auftreten der Schwarzen in den afrikanischen Nationalstaaten. Inzwischen hat der US-Kolonialismus Fortschritte gemacht. Seine Konzerne und seine Coca-Cola-Kultur beherrschen nicht allein die BRD. Die Lady aus den USA könnte heute ungefährdeter eine Reise in ihrer Lebensart buchen. Freilich, ein paar Länder auszusparen, wäre für sie ratsam.

Warum erzähle ich die Geschichte? Ich fürchte, daß das Engagement und die Solidarität einer gewissen Linken im Westen nicht so sehr verschieden ist von dem dümmlichen, offenen Kolonialismus dieser US-Amerikanerin.

Verstimmt über die eigene Gesellschaft und die nicht für die Barrikade zu gewinnende Arbeiterklasse, entschloß man sich, sein Engagement fremden Ländern zu gewähren. Man glaubte zeitweilig, seinen ideologischen *way of life* in einigen sozialistischen Ländern zu entdecken, bemerkte Übereinstimmungen zwischen Befreiungsbewegungen in Lateinamerika, Asien und Afrika mit einigen Texten des heimischen philosophischen Seminars. Die politischen Bewegungen in der Welt wurden wie Kolonialwaren in diesem Kaufhaus des Westens gehandelt: Man bediente sich ihrer nach Neigung. Man engagierte sich entsprechend Angebot und Trend, trug die Flaggen fremder Länder und Befreiungsbewegungen als modische Accessoires, um sie wenig später ebenso leicht und leichtfertig abzulegen, einzumotten, zu verramschen. Nach ein paar Monaten glückseligmachender Aktionen und „Hochgefühl" war man bitter enttäuscht, als sich diese Länder und Bewegungen so ganz anders entwickelten, als man es in den Westberliner Cafés, auf den Münchener Straßen und in den Frankfurter Seminaren beschlossen und verfügt hatte. Man ist enttäuscht, und das, wofür man sich eben noch engagiert hat, wird fallengelassen, denunziert, bestraft. War das nicht weitgehend die Haltung der Missionare des Christentums, der ideologischen Kolonisatoren, die den Weg für die wirtschaftliche Unterwerfung bahnten? An dieser Stelle unterscheidet sich diese Neue Linke in nichts von ihrer eigenen, herrschenden Klasse. Sie hat nun eine Funktion übernommen, die unter einem anderen Aspekt, dem vornehmlich theoretischen, und verschämter als das unverhüllt arbeitende Kapital auf das gleiche Ziel hinarbeitet: die westlichen Industrieländer als Bourgeoisie der Welt zu installieren.

Nein, das war kein Engagement, und das war nie Solidarität. Alles war nur ein Mißverständnis, das die späteren Enttäuschungen als notwendige Folge bereits im „kynisch-lustvollen Ansatz" der ersten Tage enthielt.

Die ernüchternde Folgenlosigkeit von '68 ließ die verzweifelte Hoffnung der Linken nach anderen Ufern Ausschau halten. In anderen Verhältnissen, in fremden Bewegungen glaubte man den konzeptionellen Ansatz und die Energie zu finden, die den auslösenden Impuls für die eigene Arbeit und die Praxis einer Kritik der eigenen Gesellschaft zu übermitteln vermochte. Schnell, allzu schnell fand man Übereinstimmungen. Man übernahm selbst Bezeichnungen und Begriffe, um sich völlig identisch zu fühlen. Mit keinem Blick für die Geschichte und unbeeindruckt von Realität, der eigenen wie der fremden, setzte man euphemistische Gleichheitszeichen. Derselbe Voluntarismus prägte das Engagement, und Unvergleichliches wurde im Wunsch nach Verwirklichung der eigenen Gesellschaftstheorie willkürlich angepaßt.

Diese Rechnung konnte nicht aufgehen, denn man akzeptierte die fremde Wirklichkeit nicht, sondern bediente sich ihrer: Man nahm, was einem paßte. Von Kuba billigte man Che Guevara, doch schon der mühselige Kampf gegen den Analphabetismus langweilte. Daß das kleine Kuba von der waffenstarrenden Weltmacht USA wie eine tödliche Gefahr behandelt wurde, boykottiert und angegriffen, fand man empörend. Man war aber auch empört über repressive Maßnahmen Kubas, das sich der fortgesetzten Anschläge Nordamerikas erwehren muß. Dieses merkwürdige Engagement übersah, daß die für Kuba lebensbedrohlichen Vereinigten Staaten der engste Verbündete der BRD sind, das heißt, während die USA antikubanische Söldner ausbilden läßt, auf der Insel Kulturen vernichtet und Mordanschläge verübt, kann die gleiche Weltmacht es sich durchaus leisten, die Aktionen der westdeutschen Linken gegen ihre Präsenz und Politik in der befreundeten BRD gelassen oder doch gelassener hinzunehmen.

Und Vietnam, China, Kambodscha, man nahm nach Belieben: Papa Mao und Onkel Ho, Che und mal kurz auch Pol Pot, Konsumverzicht und zwei, drei, viele Vietnams, Stadtguerilla usw. usf. Schließlich Enttäuschung, die sich als Ernüchterung gibt, illusionslos. Nun offenbart sich die folgenlose Unverbindlichkeit, jetzt zeigt sich der Zynismus beliebigen Engagements. Und das geschulte Bewußtsein kann den Verfall nur verarbeiten, indem es seine Katastrophe als neue Tugend ausstellt: Man ist nicht einfach zynisch, das wäre ja bourgeois; man unterscheidet sich und präsentiert den Zynismus zynisch. Ein sehr beruhigender Unterschied, ohne weitere Kosten oder Konsequenzen.

„Für den Deutschen von heute", schrieb Ilja Ehrenburg, „ist die Landkarte nichts weiter als eine Speise- und Getränkekarte." Ehrenburg schrieb dies 1941 und meinte Hitlers Armee, die in den besetzten Ländern plünderte. Ist nicht auch für die Neue Linke die Landkarte lediglich eine ideologische Speise- und Getränkekarte? Man bestellt nach Gaumen, und wechseln die Zeiten, läßt man sich eine neue Speisekarte kommen, ein neues Objekt für ein obskures Engagement.

Diese Beliebigkeit langweilt mich. Meine Kämpfe hier habe ich so billig nicht. Für uns ist Kuba eben *nicht erledigt*. China, Vietnam, Kambodscha lassen sich für uns nicht zu den Akten legen. Alle Probleme und Schwierigkeiten dieser Länder und meines Landes werden meine und unsere Probleme und Schwierigkeiten bleiben. Wir sind hier noch so rückständig, daß noch nicht einmal Stalin ein toter Hund für uns ist. Er blieb eine offene Wunde der sozialistischen Bewegung. Auch die Fehler und Verbrechen, jede Bluttat in der Geschichte des Sozialismus werden unsere Fehler, unsere Verbrechen, unsere Bluttat sein und bleiben. Wir haben keine Wahl, denn es ist unsere Wirklichkeit, unsere eigene, unaufgebbare Wirklichkeit. Die bitteren Erfahrungen und Enttäuschungen machten uns kritisch, aber das ist nicht die KRITIK DER ZYNISCHEN VERNUNFT und auch nicht die einer kynisch-beliebigen, die des Flaneurs in der Geschichte. Es ist ein kritisches Engagement und eine kritische Solidarität. Das aber sind für die westliche Neue Linke fremde Worte, so wie für mich die Pole ihres politischen Lebens, nämlich „Hochgefühl" und „Innerlichkeit", fremd sind.

Ich will ihrem früheren Engagement und den folgenreichen Wirkungen nichts von ihrer Bedeutung absprechen, doch ich befürchte, daß der nun stattfindende Gang in eine kontemplative Kritik und eine fatalistische Innerlichkeit selbst das Engagement der früheren Jahre verkleinert und ein künftiges belastet und fragwürdig macht, ja sogar ausschließt. Mit kynischer Genügsamkeit ins „Seinlassen zurückzutreten" sollte nur als eine postmortale Haltung denkbar sein, anderenfalls würde sie in unserer bedrohlich gefährdeten Welt unser aller Tod befördern. Meine Polemik ist nichts anderes als ein Plädoyer für Engagement. Aber für eins, das man nicht wie eine Schiffspassage bucht und kündigt, sondern das man kritisch und auch selbstkritisch prüft, um es als seine Wirklichkeit, als sein eigenes Leben zu begreifen.

Pathetische Worte. Man möge sie mir verzeihen, da ich, wie Sloterdijk schreibt, zu „jenen Menschen aus dem östlichen Machtbereich" gehöre, die „in einer merkwürdigen vorpsychologischen Mentalität gehalten werden". Massa Sloterdijk und der linke Kolonialismus.

153

Die Intelligenz hat angefangen zu verwalten und aufgehört zu arbeiten

Ein Gespräch

Hans Brender, Agnes Hüfner In seinem Buch Wo DEUTSCHLAND LIEGT schreibt Günter Gaus, daß er in der DDR vor allem bei der älteren Generation ein „beharrliches Selbstbewußtsein im Grundsätzlichen" angetroffen habe. Er erklärt es unter anderem damit, daß diese Generation die Ideale von 1945 in der DDR besser verwirklicht sehe als im anderen deutschen Staat. Die Protagonisten Ihrer Novelle DRACHENBLUT* gehören einer Generation an, die ihre Erfahrungen nicht mehr aus der Zeit des Faschismus bezieht, sondern ausschließlich aus dem Leben in der DDR. Hat das für die Entwicklung des Bewußtseins eine Bedeutung?

Christoph Hein Ich glaube, daß es — mit allen Einschränkungen — so etwas wie ein sozialistisches Selbstverständnis gibt. Ich merke es selbst an den ehemaligen DDR-Bürgern, daß sie ein bestimmtes Verständnis von sozialistischer Gerechtigkeit und in Westdeutschland die größten Schwierigkeiten deswegen haben. Das ist eine Erfahrung, die nicht vordergründig im Bewußtsein ist, sie ist einfach vorhan-

---

* Aus Gründen des Titelschutzes wurde Christoph Heins Novelle „Der fremde Freund" in der BRD und in einigen anderen europäischen Ländern unter dem Titel „Drachenblut" veröffentlicht.

den. Schwieriger ist es, glaube ich, mit dem antifaschistischen Bewußtsein. Beginnend etwa mit meiner Generation, geht das antifaschistische Thema zunehmend ins Theoretische, mit all den Gefahren, die damit verbunden sind. Da werden entsetzliche Szenen in antifaschistischen Filmen gezeigt, und es passiert, daß der Gewaltmensch, der SS-Mann, die Sympathie hat. Das passiert auch bei uns, in den Dimensionen aber ist es überhaupt nicht vergleichbar mit Vorgängen in Ihrem Land, da ist etwas Latentes vorhanden, worauf der Staat, die Gesellschaft noch keine Antwort gefunden haben. Ich vermute, es hat etwas damit zu tun, daß man mit zu viel guten Absichten darangegangen ist, daß man zu stark überfahren hat. Ich würde nicht sagen, daß das etwas Faschistoides ist. Das hat sicher viel mit einem Stellvertreterkrieg zu tun. Man teilt eine Unlust am Staat mit.

Hans Brender, Agnes Hüfner   Welches ist der Zusammenhang zwischen den beiden Hauptthemen, die im DRACHENBLUT entwickelt sind, Fremdheit und Gewalttätigkeit?

Christoph Hein   Ich meine nicht, daß das die Hauptthemen sind. Ich glaube, das sind die abgeleiteten Themen. Das Hauptthema ist, daß über unseren Stand der Zivilisation gesprochen wird. Das ist möglicherweise auch der Punkt, warum es — obwohl ganz in der DDR wurzelnd — auch außerhalb der Grenzen interessiert. Daß über Kosten gesprochen wird, die dieses durch die Produktionsweise notwendige Leben uns erbracht hat. Ein Auto ist notwendig, und das kostet uns etwas, das kostet ein paar Verkehrstote, das kostet Landschaft; das Dreischichtsystem ist notwendig, und da müssen wir eben einzelne kleine Wohnungen haben, damit der einzelne Arbeiter nicht noch mit der Großmutter belastet wird, das heißt Zerschlagung der Großfamilie. Das hat der Kapitalismus angefangen, und wir haben das übernommen und werden es auch nicht rückgängig machen. Dazu kam, daß sich dann das entsprechende Gefühl entwickelt hat, es wird sicher in Mitteleuropa vom einzelnen her kein Interesse mehr an Großfamilien bestehen. Die Gesellschaft funktioniert eben so, daß ich die alte Oma in einem Heim abgeben kann. Das gehört mit dazu, das ist sehr angenehm und wunderbar und hat eben seinen Preis, und über diesen Preis rede ich in dem Buch. Insofern sind Fremdheit und Gewalt nur das Abgeleitete aus dem, was wir da aufgegeben haben. Wir haben eine Vertrautheit aufgegeben, aus guten Gründen: Heilige Kuh Fortschritt, und wir zahlen dafür. Sicher war in einer vorfeudalistischen oder auch in der feudalistischen Produktionsweise ein so weitgehendes Nachdenken über den Sinn des Lebens nicht notwendig, er war a priori vorhanden.

Hans Brender, Agnes Hüfner In der ganzen Erzählung kommt das Wort *Glück* kaum vor. Einmal, gelegentlich, fast zitathaft: Die Brüder gingen in den Westen, um ihr Glück zu suchen; und später kommt es auf der vorletzten oder vorvorletzten Seite vor. Da sagen Sie: Mit einem Kind, einem angenommenen Kind würde sich die Erzählerin sehr glücklich fühlen. Das ist das einzige Mal. Was wäre nun das Glück?

Christoph Hein Das ist eine Frage, die das Buch nicht beantwortet, und ich meine, aus guten Gründen. Der einzelne, also in dem Fall ich, kann nicht einer Gesell-

156

schaft sagen — oder ich halte es für vermessen zu sagen, wohin sie sich entwickeln sollte, wo der einzelne sein Glück, seine Vollendung oder Erfüllung finden könnte. Daß es nur um ein paar Anregungen geht, wo es vielleicht nicht weitergehen sollte oder wo, wenn es so weitergeht, wir mit diesen Kosten zu rechnen haben und der einzelne durchaus sein Leben überprüfen sollte, um nicht in Geschichten hineinzugeraten, die ihn dann möglicherweise alles kosten, mithin auch das Leben.

Hans Brender, Agnes Hüfner Ich wollte nicht von Ihnen einen Zukunftsentwurf haben, sondern meine Fragestellung geht dahin: An einer anderen Stelle heißt es: sie hat keinen Lebensinhalt. Wie kann man dann sagen, ich wäre sehr glücklich, wenn ich ein Kind zum Betreuen hätte. Wo ergibt sich das aus dem Kontext Ihrer Erzählung? Der Zwang, nach Glück zu fragen.

Christoph Hein Ich glaube und habe es eigentlich auch bestätigt bekommen bei Gesprächen und in Leserbriefen, daß der Zwang, sich diese Frage zu stellen, eigentlich das ganze Buch ausmacht. Daß der Leser sehr stark genötigt wird, diese Frage nach Möglichkeit zu beantworten, ihr auf jeden Fall nicht auszuweichen. Und daß es sicher darum geht, zu überlegen, wo der einzelne in der Gesellschaft so etwas wie Lebenssinn finden kann, und daß das sicher auch in dieser Zivilisation zunimmt, wo man alles mögliche immer schneller und besser machen kann, aber genau solche Fragen wie ein sinnerfülltes Leben dabei so schnell wegrutschen und einen dann furchtbar erwischen in der ersten ruhigen Minute, die man nach einem so schnellen und kräftigen Leben hat.

Hans Brender, Agnes Hüfner Ich kann auch fragen, welches sind die Defizite?

Christoph Hein Die Defizite werden fast bis ins einzelne, zumindest bei dieser Person, benannt. Es ist so, daß da die Person etwas behauptet, und daß der Leser etwas anderes auch liest, also das, was Tschechow einmal als den Untertext bezeichnete. Wenn die Person sagt, sie sei zufrieden und ihr gehe es gut, wird eigentlich immer etwas anderes, nicht das Gegenteil, aber etwas anderes noch erzählt. Das war für mich die Spannung dabei, diesen ganzen Untertext eben nicht zu schreiben, sondern in dieser Rollenprosa einen anderen Text darüberzulegen. Und es hat offenbar funktioniert, daß dieser Untertext deutlich wird und diese Defizite deutlich werden; daß, wann immer diese Frau sich abschottet, der Schrei deutlich wird. Daß sie aus all dem, was sie für sich als notwendig behauptet und richtig, dieses dicke Fell und so weiter, im Grunde nur herauskommen will, daß sie eigentlich immerfort nach etwas schreit, was man als wirkliches Leben bezeichnen könnte, das, so wie sie sich eingekapselt hat, natürlich kaum noch vorhanden ist.

Hans Brender, Agnes Hüfner Die ganze Erzählung ist sehr streng gebaut.

Christoph Hein Vorteil von Dramatikern, wenn sie Prosa schreiben.

Hans Brender, Agnes Hüfner Dabei habe ich einen Verdacht gehabt, nämlich ob die bewußte Konzentration auch gemeint ist als heftige Agitation. Haben Sie etwas für *Tendenzliteratur* übrig?

Christoph Hein Der Pädagoge Hein kommt für meinen Geschmack ein bißchen zu kräftig vor, das würde ich auch sagen. Tendenz würde ich allerdings ausschließen. Anders als Brecht kann ich mein Publikum nicht belehren. Brecht hatte gute Gründe dafür, von der Bühne herab mitzuteilen, der Kapitalismus läuft so und so. DIE HEILIGE JOHANNA DER SCHLACHTHÖFE ist, zumindest aus der Sicht der sozialistischen Länder, ein klein wenig langweilig — das hatten wir in der Schule. Ich dagegen bin nicht klüger als der Leser und kann nur in Dialog mit ihm treten.

Den Leser zur Beantwortung pädagogischer Fragen wie: ob das ein Leben sein kann, zu nötigen, war keine Absicht, und das ist auch literarisch ohne Belang. Aber es gibt bei jeder Kunst verschiedene Aspekte und eben auch einen pädagogischen. Wir haben Behagen oder Unbehagen an einem Kunstwerk, uns gefällt, mißfällt es auch wegen einer Tendenz, die da noch mitschwingt, einer anarchistischen oder asozialen oder sozialen. Das ist die moralisch-pädagogische Seite, die jedes Werk auch hat, unwillentlich oder widerwillig, diese Aufgabe muß es erfüllen, durch und für die Gesellschaft. Wenn ich eine bestimmte Zeichnung mache, dann hat das eine Bedeutung in der Zeit, das ist eine Verantwortung, aus der kommt man nicht heraus, selbst wenn man sie für sich wegschiebt. Das ist der Konsens, in dem ich lebe und arbeite.

Hans Brender, Agnes Hüfner Sie haben Ihre Geschichte eine Novelle genannt. Wenn man zusammenfaßt, ergibt sich: Ein Mann wird erschlagen in einer Geschichte, die insgesamt vom Erschlagenwerden handelt. Was ist daran unerhört?

159

Christoph Hein Novelle ist eine sehr deutsche Erfindung, das gibt es außerhalb der deutschen Sprachgrenzen weder im Süden, Norden, Westen oder Osten. Und man soll auf seine Tradition achten. Ich hatte bei Betrachten meiner Geschichte festgestellt, sie erfüllt all das, was eine Novelle im klassischen Sinn erfüllen muß. Etwa die Geschlossenheit in Zeit und Raum, das ist mit dem Jahr und den kleinen Ausschnitten eines Lebens gegeben; das zweite: mit größter Distanz erzählt. Wenn ein Mann die Geschichte einer Frau erzählt, dann ist das schon eine ziemlich große Distanz, denke ich; und ich glaube, die Distanz ist auch mitgeschrieben, insofern als ich immer als Mann sage, was ich meine, was eine Frau meint. Dieses Spielerische ist auch da, und das ist ebenfalls eine Distanz. Was das unerhörte Ereignis angeht: In einer westdeutschen Kritik las ich, daß ich mit dem Henry freundlicher umgehen würde, weil ich ihn wenigstens sterben lasse. Dem kann ich mich anschließen. Ich fand, das Leben dieser Ärztin ist schrecklicher als das, was Henry passiert, und insofern meine ich, es kann kein unerhörteres Ereignis geben als diese Mitteilung über ein Leben, das gar kein Leben mehr ist. Und so dachte ich, es sind alle Bestimmungen einer Novelle erfüllt.

Hans Brender, Agnes Hüfner Die Novellenform als Kunstgriff?

Christoph Hein Nein, die ganze Novelle hat etwas Nötigendes, Zwingendes, und ich wollte tatsächlich dieses Nötigende, Zwingende, das im Text der Novelle da ist, auch in der Form haben. Was mir anscheinend gelungen ist. Viele Rezensenten bemerkten selber, der Mord — das kann es ja nicht gewesen sein, das ist ja gar nicht so bedeutend. Im Grunde handelt die ganze Novelle nur über das Leben einer Frau, die darüber erzählt, daß sie gern leben möchte. Das ist der Punkt, das habe ich von der ersten bis zur letzten Seite so durchgeführt, daß man genötigt ist, diese Mitteilung als ein unerhörtes Ereignis anzunehmen und nicht das äußere Ereignis: Einer wird erschlagen, einer stirbt. Auf diese Art zu leben ist viel schlimmer, als mit einem Tod aussteigen zu können.

Hans Brender, Agnes Hüfner In der Kritik einer DDR-Zeitung hieß es, Sie gehörten zur Gruppe der Nichtidentifikationsautoren. Was ist das?

Christoph Hein Man hatte ein paar Schwierigkeiten, mit der Novelle umzugehen, und man hat dann einfach eine neue Schublade gefunden. Um die Novelle begreifbar zu machen — also ihr ein Korsett des Begriffs zu geben —, hat man das Warnliteratur genannt oder Nichtidentifikationsgeneration — dadurch gab es wieder eine Möglichkeit, den positiven Helden neu zu konstituieren, ein bißchen anders, mit einer anderen Maske, oder umgedreht, den „negativ-positiven Helden". Und so ein positiver Held ist auch ganz griffig. Damit kann man ziemlich gut arbeiten, leicht arbeiten.

Hans Brender, Agnes Hüfner Wie wird das Buch in der DDR gelesen?

Christoph Hein Das kann ich ziemlich genau sagen aufgrund der Diskussionen, die ich hatte, und vor allem der Leserpost, es war ziemlich viel bei dem Buch. Es gibt einen Tenor, der fast immer, zu 98 Prozent, kam, ein Betroffensein und ein Sichwehren. Ein

Betroffensein, so etwas bei sich selbst zu finden — gelegentlich, wenn der Briefschreiber oder genauer, die Briefschreiberin, denn es waren zumeist Frauen, etwas befangener war, hatte sie es weniger bei sich als bei einer Freundin entdeckt; und ein heftiges Sichwehren, so zu werden, da hineinzurutschen. Da wären wir wieder bei dem pädagogischen Wert. Das war sehr stark. Das wurde teilweise sehr ausführlich, tiefgehend, auch intim, in dem Sinne ausführlich, erörtert. Und das beruhigte mich sehr, neben diesem Betroffensein das heftige Sichwehren.

Hans Brender, Agnes Hüfner Wird die Novelle auch mit einem mehr oder weniger bewußten Blick auf die Kategorie Sozialismus gelesen?

Christoph Hein In der Bundesrepublik gab es gelegentlich, aber selten, Fragen, ob das denn so sei, man habe anderes oder man habe Schlimmeres gehört.

In der DDR wurde das selbstverständlicher genommen. Das sind auch Fragen, die innerhalb der DDR etwas Normales sind, die ständig diskutiert werden. Das ist es, wenn ich meinte, daß ein bestimmtes sozialistisches Bewußtsein vorhanden ist, anders als die Zeitungen meinen, sicher, und anders, als das Individuum selber meint, aber es ist vorhanden. Insofern muß, wenn so etwas gelesen wird, darüber nicht mehr gesprochen werden.

Hans Brender, Agnes Hüfner Beim Blick auf die Familienfotos heißt es, hinter jedem dieser Hochzeiter dort schaut das Gesicht des Anarchisten heraus. Wie ist das gemeint?

Christoph Hein Wenn wir von verschiedenen Wegen, Abweichungen, Spaltungen der Anarchiebewegung einmal absehen und an die Ursprünge gehen, gibt es eine sehr heftige Verflechtung mit der Arbeiterbewegung und auch mit dem Marxismus. Eine der Thesen des Marxismus-Leninismus ist natürlich auch die vom Absterben des Staates, von einer staatenlosen Gemeinschaft, die ja im Grunde der der Anarchisten nicht so fern ist. Da sind im Vorgriff, im Griff auf die Zukunft von der anarchistischen Bewegung sehr viele Ähnlichkeiten und Gleichheiten mit der marxistischen zu sehen.

Hans Brender, Agnes Hüfner Man kann DRACHENBLUT auch als Kritik am Zustand der Intelligenz lesen. Was ist daran das Unerträglichste für Sie?

Christoph Hein Daß die Intelligenz allzusehr in den Produktionsprozessen, in den normalen Entwicklungsstadien eines Betriebes, einer Gesellschaft aufgegangen ist, daß sie das provokatorische Moment des Neuen, das weiterführen kann auch gegen Bestehendes, aufgegeben hat. Sie arbeitet glänzend und gut und sauber, aber gemäß den Erwartungsstrukturen. Wir haben eben kaum noch anarchistische, im Sinne von voluntaristisch oder utopisch, Vorstellungen. Diese Bilder gibt es kaum noch, und was es da gibt, hat enorme Lächerlichkeiten. Es richtet sich nach Moden. Wir bekommen eine Umweltgeschichte, und dann haben wir die entsprechenden Umweltphilosophen. Das ist wichtig, aber es hat nichts mehr von dem, was eigentlich die Intelligenz in den Jahrhunderten geleistet hatte und noch heute zu leisten hat.

Für mich ist einer der größten Witze — den fand

ich im Buch eines sowjetischen Wissenschaftlers, der Wissenschafts-Wissenschaft betreibt, Wissenschaft von den Wissenschaften —, der schrieb da völlig zu Recht, daß 90 Prozent aller Gelehrten, die jemals auf der Welt gelebt haben, unsere Zeitgenossen sind. Das ist so einer der Witze, über die ich mich totlachen kann, weil: Er hat recht. Nur: Die 10 Prozent waren Aristoteles, Pascal, Karl Marx, und der Rest sind die Professoren Müller, Meier, Schulze. Das ist natürlich grandios, weil es genau das Unbehagen an dieser Art von Intelligenz trifft. Sie hat angefangen zu verwalten und aufgehört zu arbeiten. Das ist kein spezifisches Problem meines Staates, das hat auch etwas mit der Zivilisation zu tun. Wir haben den Diogenes aus der Tonne geholt und ihm eine Professur gegeben, und damit ist er erledigt.

Maelzel's Chess Player Goes To Hollywood.
Das Verschwinden des künstlerischen Produzenten im Zeitalter der technischen Reproduzierbarkeit

Fünf Jahre bevor Edgar Allan Poe seinen Detektiv Monsieur Auguste Dupin als Beispiel analytischer Fantasie und Kombinatorik erfindet, offenbart er die Vaterschaft des Dupinschen Scharfsinns: er entkleidet deduktiv Maelzels Schachspieler seiner vorgeblichen Technik, die diesen zum vielbesuchten und -gerühmten Wunder machte. Poe wies den in der Apparatur versteckten Menschen nach. Dessen Schachkünste waren keineswegs sensationell, das Erstaunen erregte die vorgespiegelte technische Leistung, der angebliche Automat. In siebzehn Punkten begründete Poe, warum nicht nur sehr wohl ein Mensch in dem Apparat versteckt sein kann, sondern daß notwendigerweise dieser von einem Menschen bedient werde.

Maelzels Schachspieler, eine Konstruktion Wolfgang Ritter von Kempelens, war eine betrügerische Erfindung, deren Nase jedoch in die richtige Richtung wies. Zwei Jahrhunderte nach von Kempelens Mechanik, die einen Automaten vorzutäuschen hatte, stehen uns nicht nur beim Schachspiel Automaten gegenüber. Und nicht allein ihr geringer Umfang, sondern auch Leistung, Ordnungsmöglichkeiten und Schnelligkeit werden einen jeden von vornherein davon abhalten, in ihnen nach einem versteckten Menschen zu suchen.

Nun sind es ihre Erfinder, die dem Computer, dem

perfekten Automaten, einen Menschen einverleiben wollen. Die Vollkommenheit des Automaten nämlich erregte — ganz abgesehen von den sozialen Problemen, die mit seinem massenweisen Erscheinen in der westlichen Welt auftauchten — bei vielen Menschen irrationale Ängste. Die Perfektion ist mehr als menschlich, übermenschlich, also auch unmenschlich und beunruhigend daher. Nicht völlig frei von einem stillen Grauen bedienen wir die Knöpfe, beneiden die folgenden Generationen um ihren unbefangenen Umgang mit diesen Geräten und entwickeln möglicherweise ein verspätetes Verständnis für unsere Urgroßeltern, die verängstigt und mit zitternden Fingern den Schalter ihrer elektrischen Glühlampe betätigten.

Die Computerproduzenten versuchen diesen verkaufshemmenden Ängsten durch eine Vermenschlichung des Apparats zu begegnen, die diesen als Partner und Freund darstellt. Neben dem Mikroprozessor wird gleichsam ein Mensch eingebaut. Dieser überflüssigerweise installierte Mensch hat nichts mit den tatsächlich hinter dem Apparat steckenden Menschen zu tun, mit denen, die ihn produzieren, einsetzen und dirigieren, mit den Wissenschaftlern und Technikern, den Politikern und Militärs. Dieser Mensch hat nur eine einzige Funktion: er muß uns von seiner steten Anwesenheit überzeugen, um allein dadurch das technische Steuer- und Regelwerk zu denunzieren und als einen neuen Typ des Maelzelschen Schachspielers darzustellen. Eine Widernatürlichkeit, denn sie steht nicht allein gegen unsere Natur, sondern sie verkehrt auch die Natur des technischen Instruments, zeugt gegen uns.

Das Unbehagen an der technischen Entwicklung rettet sich erfahrungsgemäß und traditionell in die der Ratio unzugänglicheren Bereiche. „Le coeur a sa raison, que la raison ne connait pas", sagt Pascal, das Herz hat seine Vernunft, die die Vernunft nicht kennt. Das Unbehagen verführt und führt uns zu dieser schwer kontrollierbaren Vernunft des Herzens, wo umgeben von der Aura der Humanität tradierte menschliche Werte, Fähigkeiten und Funktionen anscheinend erlauben, uns selbst näher zu kommen, zu uns zu kommen. Die vermißte und gesuchte Behaglichkeit besteht dort, wo wir mit uns identisch sind. Und immer, wenn gesellschaftliche, politische, technische oder künstlerische Entwicklungen uns verunsichern, ein Unbehagen in uns erregen, retten wir uns in eine Identität überkommener Werte, das heißt angenommener und respektierter, also fraglos gewordener Werte.

Wenn wir der Identität des Menschen mit sich selbst einen hohen Wert beimessen — und auf Grund der psychischen Beschaffenheit des Menschen sind wir dazu genötigt — so dürfen wir nicht verkennen, daß die gesuchte Identität selten auf unbekannten, unerforschten Wegen zu erreichen, sondern gewöhnlich in den geklärten, gesicherten, unumstößlichen Bereichen zu finden ist, also in den schon erreichten und bewohnten Plätzen, in den Höhlen, aus denen wir aufgebrochen sind.

Der Forscher und Entdecker hat in diesem Sinn die geringste Chance, mit sich identisch zu werden, da sein Gegenstand extrem gegen ihn ins Verhältnis gesetzt ist: er ist ihm fremd, unerkannt und erklärungslos. Die Forderung, in seiner Zeit die eigene Identität zu finden, bedeutet, uns im (noch) Unbewohnbaren anzusiedeln, ja, auf die Siedlung, die Behausung zu verzichten, da sie einen retardierenden Moment im Zeitstrom darstellt, einen Stillstand markiert in einem tatsächlich bewegten Fluß.

Das Neue ist nie einladend, es ist unbehaglich, es läßt uns nicht die Ruhe, die wir offenbar zur Selbstfindung benötigen, auch wenn wir es mit den freundlich klingenden Worten Progression, Fortschreiten, bezeichnen. Und zumal jene Bereiche des Forschens und Entdeckens, die rabiater und grundsätzlicher die früher gefundenen Lösungen zugunsten der neuen verwerfen, also Wissenschaft und Technik etwa, die für die Leistungen der Väter ein bestenfalls historisch-würdigendes Interesse aufzubringen vermögen und für die die zeitgenössischen Anhänger überkommener, also veralteter Lösungen einen Anachronismus darstellen, werden uns immer wieder aus der einmal gefundenen Ruhe aufschrecken.

Behagen, Selbstfindung weiß uns da eher die Vernunft des Herzens zu weisen, von der, wie Pascal anmerkte, die andere Vernunft (der Verstand, die Erkenntnis) nichts weiß. Diese Vernunft des Herzens begrenzt jene der menschlichen Ratio und räumt ihr nur bedingt das Recht ein, über sie Aussagen zu treffen. Zu ihr gehören zweifelsfrei die Religion, die Philosophie, dazu gehört auch die Kunst. Also jene Äußerungen des Menschen, in denen die früheren Lösungen, die Arbeit der Vorfahren, nicht nur aufhebbare Stufen darstellen, aufgehoben im späteren Stand der Entwicklung und Praxis, sondern auch weiterhin gültige Ergebnisse von menschlicher Produktion, aussagefähig auch noch für uns und nicht aufhebbar, d.h. als Lösung nicht zu übertreffen. Sie existieren — im Unterschied zu früheren Produkten von Wissenschaft und Technik — auch noch praktisch für uns. Sie vermögen auch uns, die wir Hunderte oder Tausende von Jahren nach ihnen zur Welt kamen, Genuß zu verschaffen oder Hilfe und Erkenntnis. Sie erregen noch heute unsere betroffene Bewunderung, wir haben mit ihnen zu tun, sind noch immer mit ihren Fragen beschäftigt, in ihre Probleme verwickelt. Ihre Urheber vermögen durch ihre Produkte zu uns zu sprechen, vermochten sich durch sie zu unseren scheinbaren Zeitgenossen zu machen. Der jahrtausendealte Schreibgriffel der Ägypter oder die vor einem Jahrhundert geborene Schreibmaschine können allein unser historisches Interesse ansprechen, sie sind für uns unpraktisch geworden, stehen außerhalb unserer Praxis. Die Welt- und Sternenkarten der Griechen wie die Anatomie des Rembrandtschen Jahrhunderts sagen uns etwas über die Urheber und ihre Zeit. Ihre ursprüngliche Aussage aber wurde fortgesetzt aufgehoben und revidiert und stellt für uns keinen Wert dar, sie ist für uns nutzlos geworden.

Die Unaufhebbarkeit der Kunst erlaubt uns den Regreß, das Festhalten an Überkommenem, das beständige Verweilen im Gestern. Was in den Wissenschaften und der Technik nicht nur anachronistisch, sondern schizophren wäre, in den Künsten ist es möglich. Es ist statthaft und sogar üblich, in der Tradition zu leben und die neuen Lösungen als nicht zur Kunst gehörig, als Unkunst, Unkultur abzulehnen, sie nicht wahrzuhaben. Balzac oder Dostojewski als Endpunkte der Literatur zu bezeichnen und das ihnen folgende Jahrhundert nicht zu akzeptieren, ist sogar professionell mit Literatur Beschäftigten erlaubt. Eine vergleichbare Haltung in der Mathematik und Biologie, im Maschinenbau und der Architektur ist nicht einmal eine Denkmöglichkeit. Das Nichtwahrhaben neuer Erkenntnisse und Entdeckungen ist hier unerlaubt, ruinös und tödlich.

Unsere eigene Identität in unserer eigenen Zeit zu finden wird uns erschwert durch eine Erziehung und Bildung, die selbst in fernen Zeiten gebildet wurde. Sie ist von einer Generation vor uns geprägt worden. Und wenn diese Generation ihre Prägung gleichfalls überwiegend von der ihr vorhergehenden Generation erhielt und nicht selbst erarbeitete, so deutet sich an, wie tief in die Vergangenheit die Wurzeln unserer Erziehung und Bildung reichen. Sie wird von unserer Zeit tangiert und modifiziert, bleibt aber der Tradition verhaftet und einer Zeit, die wir nicht mehr kennenlernten. Aus dieser sinnlich nicht erfahrenen Zeit stammen unsere Bildung, der Bau und die Maßstäbe unserer Kultur. Und daher akzeptieren wir die Produkte jener Zeit, denn es sind Produkte, die unseren traditionellen Wertvorstellungen entsprechen. Sie wurden nur dort fragwürdig für uns, wo die Produktion der eigenen Zeit diese völlig ersetzte und ihre eigene Gültigkeit erzwang.

Die Kunst vergangener Jahrhunderte, sagten wir, hebt sich nur bedingt auf und ist insgesamt nicht ersetzbar. Ihre Gültigkeit, durch die überkommene Bildung bestärkt, ist unzweifelhaft. Verdächtig dagegen sind vielmehr die neu entstehenden Produkte der Kunst, die ihre Gültigkeit allenfalls behaupten, aber mit keinem Mittel, mit keinem Beweis, mit keinem allgemein akzeptierten Maßstab beweisen und erzwingen können.

Wenn der Intellekt und der Verstand mißtrauisch und stets unzufrieden sind, an allem zweifeln außer an dem Unmöglichen, das Bestehende verachten, um auf das Utopische zu setzen, so ist die Vernunft des Herzens konservativ. Nicht die Schärfe des Gedankens, der eindeutige Beweis, die Entsprechung und vollständige Kongruenz des Abbilds bestehen vor dieser Vernunft. Gefragt sind ästhetische und sittliche Tugenden, die ihre Wurzeln unleugbar in der Vergangenheit haben, in überkommenen Werten: Schönheit, Harmonie, Meisterschaft, Vollendung, Trost und Ermunterung, heilsame und beruhigende Weltbilder, das Evangelium, die frohe Botschaft. Es sind Werte, die nicht auf Erkenntnis der Welt zielen, sondern auf Möglichkeiten, in ihr zu leben, dennoch in ihr zu leben.

Ein Widerspruch zweifellos, da alle Forschungen, alle

Wissenschaften ja auf dem gleichen Grund beruhen: eine Welt zu erkennen, um in ihr leben zu können. Denn aus dem Unbekannten kommt das uns Tödliche. Der Widerspruch dieser sich gleichenden und doch verschiedenen Funktionen verschiedener Vernunft verweist auf eine Kluft zwischen dem richtig Erkannten und der menschlichen Möglichkeit, damit zu leben. Wir benötigen die Wahrheit über uns und unsere Umwelt, und wir benötigen gleichzeitig einen beruhigenden, beschönenden und verfälschenden Schleier über dem Erkannten, um es aushalten zu können. Diesen milden Schleier kann uns die Vernunft des Herzens liefern, etwa die Kunst. Und wir gestehen ihr dann gern Gültigkeit zu, wenn sich ihre Produkte durch die Patina des Vertrauten ausweisen, durch eine erborgte Patina, durch das überlieferte Muster. Denn nicht die neue Lösung, die neue Erfindung als Reaktion auf eine sich verändernde Welt, vielmehr jene Arbeiten, die die tradierten Muster nicht nur nicht ausschlagen, sondern sich ihrer unverändert bedienen, sind akzeptierbar, annehmbar.

Anders als die neuesten Produkte von Wissenschaft und Technik können die der Kunst ihre aktuelle Nutzung nicht erzwingen. Die traditionellen, bestätigten, gesicherten Produkte behalten für uns ihre Gültigkeit, da die neuen weder den ästhetischen noch den Gebrauchswert überlieferter Kunst außer Kraft setzen. Die neuen Angebote der Kunst auszuschlagen, fällt uns leicht, da ihre Gültigkeit vorerst unbewiesen ist und zweifelhaft erscheint angesichts unserer Maßstäbe. Jede Aussage zu neuesten Werken der Kunst, die diesen Maßstäben nicht gerecht werden können und wollen, wird dann möglich, denn dann ist alles allein von der Subjektivität des Produzenten oder des Konsumenten abhängig. Die Vernunft des Herzens, die darüber zu urteilen hat, spricht mit Sachverstand allein, wenn eine um das Produkt entstandene Aura dieses Produkt gültig und endgültig macht. Freilich verhindert die gleiche Aura den unvoreingenommenen Blick aufs Kunstwerk. Werte und Wertungen werden dann unstrittig, bilden selbst einen Teil der Aura und können allenfalls modifiziert werden.

Die fehlende Aura bei der neu entstandenen Arbeit erlaubt vielleicht einen klaren Blick, aber es ist ein ratloser Blick. Sinn und Unsinn, modern und modernistisch liegen dicht beieinander. Die erstaunlichste, radikale Leistung verstört und irritiert, verstehbarer ist das Verbindliche, verbunden der Tradition, der Erfindung von gestern.

Zum Ende des ersten Drittels unseres Jahrhunderts legte Walter Benjamin seinen Text „Das Kunstwerk im Zeitalter seiner technischen Reproduzierbarkeit" vor. Die Schrift ist ein Monument seiner Hoffnung. Sie konnte in Deutschland nicht mehr publiziert werden, da dort — anders als in Benjamins Zukunftsprojektionen vorgesehen — eine völlig andere „Arbeiterpartei" zur Macht kam. Dies nahm nie etwas und nimmt nichts von der aktuellen Bedeutung des Textes. Die Realität, oberster Prüfstein aller Praxis, ist taubes Gestein beim Griff ins Unmögliche.

Benjamin, die Aussichten der Kunst in unserem Jahrhundert betrachtend, setzt auf die Reproduzierbarkeit der Kunstwerke, da sie die Autorität der Sache, den falschen Schein, die Aura ins Wanken geraten lasse. Er sieht in der Reproduzierbarkeit die Liquidierung des Traditionswertes, die Befreiung vom Kultischen, das Ende ihrer angeblichen Autonomie. Er erhofft von ihr einen technischen Standard und eine Überprüfbarkeit, wie sie zuvor nur in Wissenschaft und Technik bekannt waren, also eine Auslese, die von bloßer Subjektivität frei ist, da die Apparatur das entscheidende Medium wird. Und er sieht ein neues Verhältnis der Masse zur Kunst: aus einem radikal rückständigen schlage es in das fortschrittlichste um. „Die Reproduktionstechnik", schreibt Benjamin, „löst das Reproduzierte aus dem Bereich der Tradition ab. Indem sie die Reproduktion vervielfältigt, setzt sie an die Stelle seines einmaligen Vorkommens sein massenweises. Und indem sie der Reproduktion erlaubt, dem Aufnehmenden in seiner jeweiligen Situation entgegenzukommen, aktualisiert sie das Reproduzierte."

Benjamin setzt wie Lenin dabei vor allem auf das Kino, jene Kunst, die an die technische Reproduzierbarkeit gebunden ist und mit ihr entstand. Allen Einwänden — z. B. Huxleys Warnung vor der entstandenen Gefahr der Vulgarität künftiger Kunst durch eben diese Reproduzierbarkeit — begegnet er so lakonisch wie überzeugend mit der Bemerkung: „Diese Betrachtungsweise ist offenkundig nicht fortschrittlich."

Was Benjamin erhoffte, war eine Umwälzung der gesamten sozialen Funktion der Kunst. Statt ihrer traditionellen Fundierung aufs Ritual, sah er — und setzte alles auf — ihre politische Fundierung. Die technische Reproduzierbarkeit bringe die massenhafte Verbreitung, die Verbreitung bei den Massen, ihre Befreiung von jedem elitären, ja, von jedem nationalen Interesse. Der Weltbürger Benjamin hoffte, daß die massenhafte Verbreitung der reproduzierten Kunstwerke zu einer Internationalisierung führt, zu internationalen Maß- und Wertstäben, zu einer Weltkunst. Und in ungebrochener Begeisterung formuliert er jenen Satz, in dem der Drehpunkt des Scheiterns seiner Hoffnungen liegt: „Das reproduzierte Kunstwerk wird in immer steigendem Maße die Reproduktion eines auf Reproduzierbarkeit angelegten Kunstwerks."

173

Fünfzig Jahre später konstatieren wir die unaufhörliche Entwicklung der Apparatur, eine grandiose und durchaus revolutionär zu nennende stetige Umwälzung der Technik, aller zur Reproduzierbarkeit jeglicher Künste notwendigen Geräte. Die Möglichkeiten zur Reproduktion — heute wohl noch lange nicht erschöpft, wie uns jährlich die Messen technischer Neuheiten beweisen — sind erstaunlich und faszinierend, und das nicht nur für die professionellen Hersteller von Reproduktionen.

Die massenhafte Verbreitung und Internationalisierung fand statt in einem auch Benjamin nicht erahnbaren Umfang. Was jedoch zu den Massen kam, was nationale Grenzen und beschränkte Interessen dabei überging und hinwegfegte, ist vorerst nicht die Kunst, auch nicht die technisch reproduzierbare, sondern die Apparatur. Die zur massenhaften Reproduktion notwendigen technischen Geräte wurden immer preiswerter und selbst zu einem Artikel des Massenbedarfs. In den Haushalten der ersten Welt — da man in Nordamerika und Westeuropa von einer dritten Welt zu sprechen pflegt, muß es folglich auch eine erste geben, worunter wir wohl Nordamerika und Westeuropa zu verstehen haben — in den Haushalten der ersten Welt können wir bereits heute einen Ausrüstungsstandard zur Reproduktion von Ton- und Filmkunst vorfinden, der die technischen Möglichkeiten einer Filmfirma zur Zeit Benjamins weit übertrifft.

Im Benjaminschen Sinn wäre damit eine Grundlage zur Demokratisierung der Kunst gegeben, eine Voraussetzung ihrer Fundierung auf Politik. Die massenhafte Verbreitung der Apparate für die Reproduzierbarkeit auch von Kunst wäre für Benjamin ein zu begrüßender Schritt zur Liquidierung des Traditionswertes von Kunst und der überlieferten Kunstwerke.

In einer Verlängerung seiner Projektion in die Zukunft ließe sich sagen: Wir stehen heute vor dem Beginn einer umfassenden, generellen Demokratisierung aller Kunst, ihrer Produktion wie ihrer Reproduktion. Produzenten wie Konsumenten von Kunst sind nicht weiter voneinander getrennt. Die Entwicklung der technischen Apparate ermöglicht das Ende der Spezialisten. Jeder hat die Möglichkeit, auch die technische, Kunst zu produzieren. Die Kosten für die Technik der Produktion wie der Reproduktion stellen bereits heute (oder doch in nächster Zukunft) kein unüberwindliches Hindernis dar. Das Einmalige, das genialisch Einzigartige, die Aura der Kunst wurde überrollt von technischen Spitzenleistungen, die in ihrer Wirkungsbreite und dem Bedarf nach unbegrenzten Käuferkreisen Demokratie förderten.

So ließe sich, Benjamins Sicht heute aufnehmend, sagen. Zu diesen euphemischen Tönen haben wir jedoch wenig Anlaß. Der Grund dafür liegt, so meine ich, nicht in einer von Benjamin unvorhersehbaren Entwicklung, einem ungeahnten technischen oder gesellschaftlichen Fortschritt, sondern darin, daß auch das Kunstwerk im Zeitalter seiner technischen Reproduzierbarkeit produziert und reproduziert wird in Gesellschaften, die ökonomischen und politischen Bedingungen unterliegen. Kunst wird produziert und reproduziert in der ersten, zweiten und dritten Welt, in Ländern des Sozialismus und des Kapitalismus.

„Das reproduzierte Kunstwerk", schrieb Benjamin, „wird in immer steigendem Maße die Reproduktion eines auf Reproduzierbarkeit angelegten Kunstwerks." Die Technik erzwinge die massenweise Verbreitung, sie erzwinge den Fall aller besonderen Interessen, privater oder nationaler, sie erzwinge die Internationalisierung der Kunst.

Wir haben dagegen heute einen anderen Vorgang zu registrieren. Die durch die Reproduzierbarkeit möglich gewordene massenweise Verbreitung des Kunstwerks führte zu einer Internationalisierung marktführender oder -beherrschender Konzerne, die Produkte der Kunst herstellen, reproduzieren und verbreiten. Hollywood ist nur ein Beispiel, benennt nur einen Bereich dieser Art der Internationalisierung. Die USA sind in den Künsten, die für eine technische Reproduzierbarkeit besonders geeignet sind, weltweit derart erfolgreich, daß nicht grundlos in verschiedenen Ländern der Begriff „US-Kulturimperialismus" aufkam. In einigen Ländern (nicht nur in sozialistischen) werden beschränkende Maßnahmen für diesen beherrschenden Kulturimport erwogen bzw. praktiziert, weil der Fortbestand der eigenen nationalen Kultur gefährdet ist.

Hollywood — ich will bei diesem Namen als Beispiel bleiben, weil er weltweit besonders sinnfällig wurde für das technisch und wirtschaftlich progressivste Kino: die serielle Großproduktion; dabei soll nicht vergessen sein, daß diese normgerechten Filme nicht allein in Nordamerika fabriziert werden, ebenso nicht, daß auch in Hollywood noch Filmkunst produziert wird, wenngleich diese wirtschaftlich gesehen bestenfalls die Größe eines Feigenblatts hat — Hollywood überschwemmte den Globus nicht allein mit seinen Kunstreproduktionen, sondern dadurch auch mit seiner Ideologie und Ästhetik. Hollywoods geschäftlicher Erfolg zwang offensichtlich Filmkünstler sehr verschiedener Länder, Filme herzustellen, die allenfalls den Kunstkriterien Hollywoods genügen. Sich zu unterwerfen, fordert ein Vertrieb und Markt, der diesen Grundsatz aller seiner Geschäfte der profitablen Erfolge wegen fast weltweit praktiziert und erzwingt.

Wenn das reproduzierte Kunstwerk in immer steigendem Maße die Reproduktion eines auf Reproduzierbarkeit angelegten Kunstwerkes ist, so bedeutet das unter diesen Bedingungen, daß die Produktion sich nicht allein den technischen Konditionen der Reproduktion zu unterwerfen hat, sondern auch ihren gesellschaftlichen und ihren politischen. Und jene Kunstwerke, deren technische Reproduzierbarkeit unmittelbar in der Technik ihrer Produktion begründet ist — also vor allem Kino- und Fernsehfilm — unterliegen diesem Diktat im besonderen Maße.

Die von Benjamin begrüßte Internationalisierung des Films brachte der Filmproduktion in den kapitalistischen Ländern den für internationale Produktionen üblichen Standard: Produktion innerhalb eines marktbeherrschenden Konzerns. Das nationale Interesse wurde internationalisiert, und wo das Interesse Kapital heißt, fielen die beschränkenden Grenzen zugunsten eines unbeschränkten Kapitalinteresses. Die Internationalisierung des Films erhöhte zwangsläufig seinen Marktwert. Und der über nationale Möglichkeiten hinausgehende Wert ist berechenbar, er ist das Verhältnis von Kosten und Profit. Mit seiner Internationalisierung hat der Film eine neue Ästhetik erhalten: den internationalen Erfolg, der nun vor jedem anderen Interesse zu stehen hat. Die von Benjamin erhoffte Fundierung auf Politik bei einer Massenkunst mußte ausbleiben, wo der Profit das Fundament darstellt.

Benjamin setzte auf die Liquidierung des Rituals, des Tradierten, auf das Ende der Aura des Kunstwerks. Die von internationalen Konzernen verwaltete Filmkunst zerstörte tatsächlich dieses Beziehungsgefüge. Doch wurden diese Begriffe auch unbrauchbar, sie wurden nicht verworfen, sondern in einem neuen Geflecht von Beziehungen und mit teilweise veränderten Inhalten wiederbelebt. Ritual und Aura, Genialität und Einzigartigkeit wurden geläufige Begriffe der Massenkunst, deren jeweilige Namen rasant wechseln, um überleben zu können. Ihre Inhalte entbehren nun jedoch des Geheimnisses. Ihre Anwendung wurde kontrollierbar, da sie den gleichen Interessen unterworfen ist wie die Kunstwerke. Die Zusammenhänge und Beziehungen, ihr ganzes Traditionsgefüge wie die Bedingungen der Originalität schrumpften auf das Reproduzierbare, auf das Verwertbare.

Der arme Poet, das unglückselige Genie — das waren die personifizierten Wahrzeichen einer Kunst, die traditionellen Vorstellungen entsprach. Eine Kunst im Zeitalter der profitablen Reproduzierbarkeit benötigt andere Sinnbilder. Eine Möglichkeit: ein subalterner Mensch in gebeugter Haltung, vor dem Schreibtisch eines Chefs der Reproduktionsindustrie stehend.

Die Reproduktion bestimmt die Produktion des Kunstwerks. Sie bestimmt sie nicht allein — wie Benjamin hoffte — technisch, sondern auch politisch. Die bestimmende Reproduktion ist selbst bestimmt vom Verkauf, vom Erfolg. Die Abhängigkeiten sind eindeutig, offen, geheimnislos. Genialität und Einzigartigkeit, Ritual und Aura wurden tatsächlich unbrauchbare Begriffe für diese Produktion und werden, so sie noch zur Anwendung gelangen, allein zur Etikettierung einer Ware benötigt, die nach völlig anderen Kriterien produziert und reproduziert wird. Die überkommenen Begriffe haben dieser Ware den Hauch einer geistigen Atmosphäre zu geben, deren Abwesenheit in der Produktionsphase der Ware Voraussetzung war. Die überkommenen Begriffe haben dem Konsumenten eine Produktionsweise zu suggerieren, die ihm das angebotene Produkt annehmbar, erträglich und wertvoll macht. Die Begriffe haben die Anwesenheit eines menschlichen Erzeugers, eines Künstlers vorzuspiegeln, da dieser für den Konsumenten von Kunst noch immer unverzichtbarer Bestandteil dieser Art Ware zu sein scheint.

Das traditionelle Etikett hat die Tatsachen zu verschleiern. Der kapitalistische Reproduktionsprozeß hat die künstlerische Produktion in jenem Bereich, der durch seine Technik besonders eingreifend von der Reproduktionsindustrie bestimmt wird, längst vom Künstler als Urheber und Schöpfer befreit. Kino- und Fernsehfilm sind in ihrer gesamten Produktionsphase damit kontrollierbar und beherrschbarer geworden. Mit der Aura und dem Geheimnis starb das Unvorhersehbare, damit auch das unkalkulierbare geschäftliche Risiko. Kunst wurde zu einer Produktion, die nicht mehr an den Künstler und das Talent gebunden ist, sondern sich vom zufälligen Ingenium befreite und abstimmbar wurde. Sie als demokratisch zu bezeichnen, hindern uns die Eigentumsverhältnisse, denn abzustimmen haben die Eigner der Reproduktionsindustrie und ihre Verwalter. Aus diesem Grund werden über die Ästhetik und Philosophie des Hollywoodfilms uns das Management und die Buchhaltung das Aufschlußreichste sagen können, da sie die entscheidende künstlerische Befugnis haben.

Das Kunstwerk im Zeitalter der Reproduktionsindustrie ist berechenbar geworden. Mit einem geeigneten Instrumentarium ist es zu koordinieren und in jedem Detail vorherzubestimmen — wie jede andere Produktion der Industrie.

Vor mehr als fünfzig Jahren besuchte Luis Buñuel für sechs Monate Hollywood. In seinen Memoiren berichtet er:

„In meinen nicht gerade seltenen Mußestunden hatte ich ein ziemlich seltsames Ding erdacht und gemacht ... nämlich eine synoptische Tabelle über den amerikanischen Film.

Auf einer großen Pappe oder Holzplatte brachte ich, mittels Schnüren leicht zu bewegen, mehrere Rubriken an. Die erste Rubrik zum Beispiel für das Milieu: Pariser Milieu, Western, Gangster, Krieg, Tropen, Komödie, Mittelalter und so weiter. Die zweite Rubrik betraf die Epoche, die dritte die Hauptfiguren und so weiter – es waren etwa fünf Rubriken.

Das Grundprinzip war das folgende: Das amerikanische Kino funktionierte nach einem so mechanischen, festgelegten System, daß, wenn man ein bestimmtes Milieu, eine bestimmte Zeit, bestimmte Figuren auf eine Reihe brachte, dank meines Schnursystems todsicher auch die Hauptgeschichte herauskam.

Mein Freund Ugarte, der über mir im selben Haus wohnte, beherrschte den Mechanismus meiner synoptischen Tabelle aus dem Effeff. Ich muß noch ergänzen, daß vor allem die Auskünfte über das Schicksal der weiblichen Hauptfiguren, die man dank meiner Tabelle bekommen konnte, außerordentlich genau und zuverlässig waren."

In der gleichen Zeit, in der Benjamin seine Hoffnungen zur Entwicklung der Kunst unter den Voraussetzungen ihrer technischen Reproduzierbarkeit formuliert, entdeckt Buñuel ihren Algorithmus. Von der eigenen Beobachtung offenbar verwirrt, nennt er sie „ziemlich seltsam". Uns ist dieser Algorithmus geläufiger geworden, da die Reproduktionsindustrie ihn seitdem nicht nur für die USA durchzusetzen versucht und dabei keinesfalls erfolglos ist.

Die neuesten Produkte dieser weltweit reproduzierten Filme und Serien bedienen sich strenger denn je des Algorithmus, ihre Berechenbarkeit unterliegt einer ausnahmslosen Stringenz.

Es bedarf nicht mehr des bösen und erfahrenen Blicks eines Kollegen im Handwerk wie Buñuel, um den Mechanismus zu erkennen. Die Mechanik ist für das Publikum sichtbar geworden. Und das beeinträchtigt keineswegs die Konsumtion dieser Produkte, sondern ist ein Faktor ihrer Wirkung geworden. Das Publikum ist versichert, durch nichts verschreckt, verwirrt oder beunruhigt zu werden. Situationen und Ablauf der Geschichten sowie die Konstruktionen der Personen bewirken ein unendliches Deja-vu-Erlebnis des Publikums.

Das Überraschende, das Ungewisse, die Spannung, das suspense, sie sind der unaufhörlichen Wiederholung untergeordnet. Der Schrecken ist immer vorhersehbar, das plötzlich eintretende Ereignis war lange zuvor bekannt. Gleichförmigkeit und Wiederholung sind die Fundamente dieser Dramatik. Was ermüdend langweilig ist, es ist auch bekannt und vertraut. Das Anheimelnde schafft Genuß und das unaufhörliche Gleichmaß der Bewegung eine bewohnbare Idylle. Die Katastrophe wie das happy-end sind von sich gleichender Gemütlichkeit.

Der Erfolg dieser Kunst ist ihre Berechenbarkeit. Der Konsument kauft keine Katze im Sack, die gewünschten und gern bezahlten Informationen sind ihm längst bekannt. Er kauft die Verlängerung des ewig Gleichen. Diese Berechenbarkeit ermöglicht die Berechenbarkeit der Produktion, sie erzwingt die Automation der künstlerischen Produktion.

Bei einem flüchtigen Blick auf die allgegenwärtigen Fernsehserien erkennen wir die bewußt einfachen Methoden ihrer Dramaturgie, deren sie sich mechanisch und ausnahmslos bedienen. Ihr Ablauf und das Ineinandergreifen der Teile ist so korrekt und überraschend wie der Gang eines Uhrwerks.

Das zentrale Prinzip der Seriendramaturgie ist das der phasenverschobenen Sinuskurven. Die Kurven der

Geschichten sind ineinander verschränkt. Ständig beginnen Geschichten (d. h. die Kurve befindet sich bei minus 1), entwickeln sich oder laufen aus (das ansteigende oder abfallende Kurvensegment) oder befinden sich auf dem Höhepunkt der Katastrophe bzw. des happy-ends (die Kurve ist auf ihrem Scheitelpunkt plus 1). Die Kurven der verschiedenen Teilgeschichten sind dabei so ineinander verschoben, daß zu jeder Zeit möglichst alle Kurvenpunkte zwischen minus 1 und plus 1 von verschiedenen Kurven (d. h. Geschichten) belegt werden, so daß immer das Interesse angesprochen ist, das Bedürfnis nach Spannung und Harmonie befriedigt wird, während gleichzeitig neue Kurven (neue Geschichten) vorbereitet oder zu einem Abschluß geführt werden.

Aus diesem Prinzip der phasenverschobenen Kurven ergibt sich, daß eine Serie in Abhängigkeit von der Anzahl der Serienteile entsprechend viele Kurven (Geschichten, Spannungsbögen) zu präsentieren hat. Eine Gesamtserie muß daher eine Vielzahl mehr oder weniger zusammenhängender, einzelner Geschichten bieten. Und folglich hat jeder Serienteil eine einfache, leicht überschaubare Geschichte vorzustellen, die aus der quantitativen Vielfalt so herausgelöst ist, daß eine einzelne Kurve vor dem Hintergrund eines stets vorhandenen, abrufbaren Netzes von Kurven deutlich wird und vorübergehend vorherrscht, also das Interesse bedient.

Das Kurvenprinzip bedingt den Grundsatz des Nicht-Endgültigen. Alle Katastrophen und happy-ends haben immer nur scheinbar endgültige Schlußpunkte zu sein, die im weiteren Verlauf der Serie beliebig aufgehoben und korrigiert werden können. Die spätere Korrektur muß als — noch nicht erkennbarer — Spielansatz bereits in der sich entwickelnden Teilgeschichte und ihrem scheinbar endgültigen Abschluß vorhanden sein, um der späteren Korrektur den Hauch von Wahrscheinlichkeit zu geben.

Und so wie sich die Kurven der einzelnen Geschichten beliebig fortsetzen lassen, also in der Tendenz endlos sind, sind sie es auch im Anfang: jede Geschichte kann nach dem gleichen Kurvenprinzip beliebig viele abrufbare Vorgeschichten haben. Die Kurven sind nach beiden Seiten offen und endlos.

Selbst der Tod hat in dieser Endloskurven-Dramaturgie jede Autorität verloren. Wenn eine Auferstehung glaubhaft zu machen ist und das Unwahrscheinliche das Publikum nicht verunsichert, so ist der Tote jederzeit wieder rekrutierbar, die tote Spielfigur wie der tote Schauspieler.

Die Mechanik der Seriendramaturgie zeigt, wie die technische Reproduzierbarkeit rückwirkend eine technische Produzierbarkeit dieses Kunstgenres ermöglichte und bedingte.

Eine ausreichende Kenntnis des formalisierten Ablaufs vorausgesetzt — und das Gesagte umreißt, wie gering diese Kenntnisse sein müssen — ist es bereits bei dem heutigen Entwicklungsstand der Computer für jeden Programmierer kein Problem, das Programm beliebiger Serien zu schreiben, ja, auch ein einziges Programm für beliebig viele Serien.

Ein ausreichender Apparat von Sprachfloskeln und umgangssprachlich reduzierter Topoi, eine Auflistung standardisierter Konflikte, eine Auswahl gängiger, einschlägig handhabbarer Charaktere mit der ihnen jeweils möglichen (glaubhaften, wahrscheinlichen) Handlungs- und Gefühlsskala, ein wertender Katalog filmischer Schauplätze, sowie nach Wirkungen abgestufte Verzeichnisse von Kostümen, Masken, Statussymbolen etc. reichen als Grundstock eines computerisierten

Programms zur automatischen Verfertigung von Fernsehserien aus.

Ein hinlänglicher Fundus dieser Informationen vorausgesetzt – und die Serien zeigen, daß die gewöhnliche Norm mit einem Minimum der Möglichkeiten zu erreichen ist – ist die unendliche Herstellung unendlicher Serienscripte allein eine Frage der korrekten Benutzung des Computers und der eingespeicherten Daten, des Kurvenverlaufs und einer glücklichen Hand beim Randomprinzip, der Nutzung der Zufallszahl. Eine menschliche Kontrolle oder Korrektur würde diese Kunstproduktion nicht nur zeitlich verzögern, sie könnte den optimierten Kurvenverlauf gefährden, also das Kunstprodukt ruinieren. Die Abwesenheit des Menschen gehört also zu den Voraussetzungen dieser Kunst.

Eine Ausnahme ist nur dann zulässig, wenn zusätzliche Daten eingegeben werden müssen, deren vorherige Programmierung zu aufwendig wäre, z. B. die thematische Nutzung heikler Themen, gesellschaftlicher Tabus, seien sie politischer, sexueller, rassischer, militärischer oder religiöser Natur. Diese zusätzlichen Daten sind schwer programmierbar, da sie Veränderungen und Bewegungen der Öffentlichkeit unterliegen und folglich als fixe Werte nur bedingt handhabbar sind. Sie dennoch in das aktuelle Programm mitaufzunehmen, gebietet der Reproduktionsmechanismus. Das schnelle Reagieren auf neue öffentliche Standards beweist scheinbar Ingeniosität, Mut und Avantgardismus der Serie.

Aus all dem folgt, daß die Herstellung heute üblicher und bekannter Fernsehserien durch programmierte Computer nicht mehr nur denkbar ist. Die Möglichkeiten des Automaten, umfassender und schneller als jeder Mensch alle verfügbaren und bekannten Daten zu prüfen und zu verknüpfen sowie den dramaturgisch optimalsten Weg, also die wirkungsvollste Sinuskurve, zu finden, prädestinieren ihn zum Schöpfer dieser Kunst. Der Einsatz des Computers für eine durch technische Reproduktion und Marktabsatz bestimmte Produktion ist daher sinnvoll und ökonomisch. Er ist technisch und profitpolitisch erforderlich.

In Kenntnis der heutigen auf technische Reproduzierbarkeit angelegten Kunst und der modernen technischen Möglichkeiten sowie der allen erkennbaren Folgen eines um Effizienz dieser Produkte kämpfenden Managements, wird als Folgerung unabweisbar: Der Computer als Produzent dieser Kunst entspricht dem erreichten Standard unseres Zeitalters.

Es ist nun nur ein kleiner und wohlbegründeter Schritt, wenn ich — auf der Grundlage meiner Beweiskette — die Behauptung aufstelle, daß diese Serienkunst bereits in praxi von Computern produziert wird. Denn da die technischen Voraussetzungen gegeben sind und die Produkte das durch Automation erreichbare Niveau nicht überschreiten, würde ein Zweifel am tatsächlichen Einsatz der Computer die Fähigkeit der kapitalistischen Unterhaltungsindustrie bezweifeln, profitabel zu arbeiten. Es gibt keinen unsinnigeren Vorwurf, den man ihr machen könnte.

Maelzels Schachspieler ging nach Hollywood.

Die alte Konstruktion Ritter von Kempelens von 1768 war, wie Poe schlüssig nachwies, eine Maschine, die ein in ihr versteckter Mensch bediente. Das 18. Jahrhundert, in dem dieser vorgebliche Automat gebaut wurde, und noch das 19. Jahrhundert, in dem dieser betrügerische Vorgriff auf eine nahe Zukunft durch die Welt reiste und sich bewundern ließ, waren noch weitgehend ungekränkt in ihrem Bild des Menschen, dem die Erde untertan ist. Die Hybris des Humanismus, die den Menschen zur Krone der Schöpfung erhob und nichts Gewaltigeres als ihn kannte, war nur zu schockieren durch eine Maschine, die — von Menschen zwar erfunden — eine eigene, unabhängige Intelligenz zu besitzen schien. Maelzels Betrug mußte deshalb als Sensation wirken, weil sein Schachspieler ein endgültiger und technischer Schlußstrich unter die europäische Kultur zu sein schien. Das Wort vom Maschinenzeitalter wurde vor den Maschinen geboren.

Maelzels neuer Schachspieler, mit dem nun Hollywood um die Welt reist, ist wiederum eine Konstruktion, die eine Maschine und einen Menschen in der betrügerischen Absicht koppelte, das Interesse des Publikums zu fesseln. Die Maschine ist nun tatsächlich in der Lage, die gewünschten Resultate in jeder beliebigen Menge zu liefern, Kunst als unaufhörliche Reproduktion von Kunst.

Der Mensch dieser Maschine ist nicht mehr in ihr versteckt, im Gegenteil, er ist es, der die Maschine zu verstecken hat, den eigentlichen Schöpfer. Die einzige Funktion dieses Menschen ist es, präsent zu sein. Vor den Augen des Publikums hat er vor der Maschine auf- und abzugehen und blinkende Knöpfe zu bedienen, um den Eindruck zu erwecken, daß dieser Automat nichts anderes sei, als ein traditionelles Handwerkszeug, eine technische Verlängerung der menschlichen Hand, dem Hammer und der Säge vergleichbar. Er ist engagiert, um dem Publikum scheinbar zu beweisen, die Maschine liefere die unaufhörlich über sie stürzenden Folgen einer verbrauchs- und verkaufsorientierten Serienkunst allein dank seiner entscheidenden, unentbehrlichen Handgriffe. Seine Anwesenheit hat die ungebrochene menschliche Fantasie und Schöpferkraft zu beweisen. Er hat den Produkten der Maschine jenen traditionellen Schein zu geben, ohne den für das Publikum Kunst nicht möglich ist, nämlich die Aura des Geheimnisses von Schöpfertum und Genialität. Er hat dem Maschinenprodukt jenes menschliche Siegel zu geben, ohne das für den Konsumenten auch die einfältigsten Formen der Unterhaltungskunst nicht annehmbar sind. Und je eindeutiger die Maschine dominiert und ihre Produkte die automatische, serielle Fertigung verraten, um so heftiger hat der ihr zugeordnete Mensch zu agieren. Er hat seine Person zu einem Potemkinschen Dorf zu machen, hinter dem der tatsächliche Produktionsablauf verschwindet. Er ist die Fassade, die den Verkauf garantiert, das Glamourbild personality.

Hier liegt auch einer der Gründe, daß die interpretierenden Künste in diesem Jahrhundert gewichtiger wurden. Der überlebensgroße Interpret einer Kunst, die er zu präsentieren und deren serielle Fertigung er zu verstecken hat.

Die technische Reproduzierbarkeit der Künste haben ihre Kapitalabhängigkeit nicht bewirkt, aber sie haben diese in einem bisher ungekannten Maß gesteigert und die Verdrängung des Menschen als künstlerischen Produzenten aus der Produktion ermöglicht. Das Kapital kann nun störunanfällig mit Apparaten produzieren, die nach einem einmalig vorgegebenen Programm endlose Verlängerungen zu geben imstande sind. Das Risiko, mit menschlichen Schöpfern zu arbeiten, die von Stimmungen abhängig sind, von einer kaum lenkbaren Psyche, von den unberechenbaren Einfällen ihres Talents, wurde mit dem Einsatz der Maschinen auf Null reduziert. Ein gleichbleibender Service der Computer kann von ihren Herstellern garantiert werden.

Das mit sich identische Produkt der seriellen Fertigung von Kunst, verbunden mit einer nicht für die Produktion, jedoch für den Verkauf notwendigen personality des Interpreten, erreichte einen früheren Jahrhunderten unbekannt großen Markt.

Und diese Produkte formen ihre Konsumenten.

Benjamins Hoffnung auf ein aufgeklärtes Massenpublikum entbehrten schon im zeitgenössischen Ansatz jeder Grundlage. Sie gründete sich auf Zufälligkeiten und fragwürdige Vergleiche (er setzte Chaplin gegen Picasso, um ein fortschrittliches Verhältnis der Massen bedingt durch die technische Reproduzierbarkeit auszumachen; wir dagegen könnten heute — angesichts der tatsächlichen Massenkunst Fernsehen — Fortschritt bestenfalls in einer noch so fragwürdigen Haltung des Publikums dem Surrealismus gegenüber feststellen). Benjamins Hoffnung war getragen von einer ungebrochenen Zukunftsgläubigkeit und von den wirklichen Möglichkeiten im Zeitalter der technischen Reproduzierbarkeit von Kunstwerken. Er abstrahierte allerdings dabei völlig von der Tatsache des Kapitals.

Diese Massenkunst hat nicht nur sich von Kunst und Wirklichkeit entfernt, sondern ihr gelang es, auch ihr Publikum in gleicher Haltung zu erziehen. Mag zum Beginn unseres Jahrhunderts das Verhältnis der Masse etwa zu Picasso das — wie Benjamin schreibt — rückständigste gewesen sein, es war insofern noch progressiv, als es überhaupt noch ein Verhältnis war. Die heutige Massenkunst absorbiert ihre Massen so vollständig, daß diese die neuen Kunstprodukte nicht einmal wahrnehmen können und folglich nicht einmal zu einem rückständigen Verhältnis der modernen Kunst gegenüber zu bewegen sind.

Der Erziehungs- und Bildungsprozeß der Massen durch die Massenkünste Film und Fernsehen hat Wirkungen auf den gesamten Kunstbereich. Unschwer läßt sich unter diesen Verhältnissen bereits heute bei einem großen Teil der Buchproduktion wie des Theaters hinter der personality eines Schöpfers und Künstlers die profitprogrammierte Maschine entdecken. Die ghostwriters allerdings sind nicht die Computer, sondern die von Marktforschung und Profit diktierten Programme eines möglichst weltweiten Absatzes.

Unter diesen Verhältnissen ist alles nur noch von einer Kunst zu erwarten, die sich der Reproduktionsindustrie entzieht bzw. von ihr als nicht verwertbar angesehen wird. Unter diesen Verhältnissen wird der Elfenbeinturm ein frech-avantgardistisches und revolutionäres Bauwerk und das einzigartige Talent mit seiner Aura von Geheimnis und Genialität zur sozial verantwortungsvollen Gegenposition. Progressiv wird der Rückgriff in eine reiche Tradition, und die traditionelle Haltung zum utopischen Griff in eine menschen- und kunstfreundlichere Zukunft. Denn die technische Reproduzierbarkeit des Kunstwerks ermöglicht unter diesen Verhältnissen keine Liquidierung des Kultwertes und keine praktische Aneignung des Kunstwerkes, sondern allein die Allgegenwart des Marktes.

Benjamins Prophetie trog. Sie gründete allein auf Hoffnungen und auf einem unbedingten Willen zur Hoffnung.

Die technische Reproduzierbarkeit löschte großflächig die Imponderabilien in der Kunst, um dem technischen Gerät die Reproduktion zu ermöglichen. Und die massenweise Verbreitung setzte der zu verbreitenden Kunst eine neue Ästhetik, deren alles umfassender Grundsatz in der Forderung nach Konsens mit dem stets angestrebten Gesamtpublikum besteht. Übereinstimmung und gemeinsamer Nenner, Gleichheit und Gemeinsamkeit, es sind wieder die demokratischen Spielregeln, die Demokratie verhindern.

Die Quantität erbrachte — bevor sie zu einer Qualität gelangen konnte — für das reproduzierte Kunstwerk das bevormundende und beherrschende Interesse des Marktes oder des Staates. Die Möglichkeit demokratischer Teilnahme des Publikums am Kunstwerk und seiner Produktion, die vermittels der größeren Verbreitung statt der Aura den Gebrauchswert zum Kriterium seiner Qualität setzt, bestand zu keiner Zeit. Statt dessen erlaubte die massenhafte Reproduktion den Zentralismus in der Kunst und ermöglichte damit die nahezu vollständige Kontrolle der gesellschaftsbeherrschenden Kräfte in einem Bereich, der zuvor als zu entlegen, verworren und wirtschaftlich bedeutungslos galt.

Für den Markt sind Ästhetisierung der Politik wie auch Politisierung der Kunst zu austauschbaren Programmen geworden. Er ordnete sie sich unter und nutzt ihre Unvereinbarkeit als breite Palette des Angebots. Die letzten Jahrzehnte brachten erstaunliche Wechsel, und erfolgreich reproduzierbar war vorübergehend jede Haltung. Der Markt war nie Purist.

Mit der Möglichkeit der technischen Reproduzierbarkeit entstand für das Kunstwerk die Verpflichtung, massenweise absetzbar zu sein. Der Markt setzte als einzig gültigen Prüfstein für Kunst seinen einzigen Wert: den materiellen Erfolg. „Goethe (Voltaire …) hat ihn gelobt" war das würdigend-fragwürdige Sigel für Qualität im Zeitalter der handwerklichen Produktion. Nun stehen an der gleichen Stelle und mit gleicher, wenn auch unbezweifelbarerer Bedeutung die Zahlen der Produktionskosten des Kunstwerks und seines Marktanteils.

Der Markt kennt keinen Dissidenten, da er allumfassend ist, allgegenwärtig und allmächtig. Was für den Markt nicht existiert, ist nicht. Und alles was vernünftigerweise existiert, ist auf dem Markt. Jede Verweigerung, jeder Widerstand sind so lange nicht wirklich, wie der Markt sie nicht wahrnimmt. Und sie beginnen zu existieren, sobald die Verweigerung und der Widerstand verwertbar und reproduzierbar werden. Je heftiger und radikaler dabei das Kunstwerk gegen den Kunst-Markt steht, umso gewisser die künftige massenweise Reproduktion. Jede Haltung wird dadurch zur Pose.

Wo statt des Marktes der Staat die technische Reproduktion des Kunstwerks bestimmt und überwacht, werden die Werte des Marktes nicht oder nur eingeschränkt anerkannt.

Im Zeitalter der traditionellen (handwerklichen) Reproduktion von Kunst blieben die Massen von der Konsumtion des Kunstwerks weitgehend ausgeschlossen. Das erleichterte die Großzügigkeit, selbst die Libertinage des staatlichen Zensors. Die staatliche Macht konnte da zum Mäzen werden, wo nur sie selbst und die staatstragenden Kräfte Konsument waren. Das änderte sich in dem Maße, wie Kunst reproduzierbar wurde. Mit der Erfindung des Buchdrucks begann das Absterben des Staates als Mäzen. Anders gesagt, der staatliche Mäzen konnte der massenhaften Reproduktion nicht mehr allein mit förderndem Eingreifen begegnen. Dies wurde nun durch andersartig wirkende Maßnahmen ergänzt, die ihn zum Zensor machten.

Neue oder doch andere Werte wurden nun gesetzt. Und diese Werte wechseln, sie unterliegen selbst — und völlig anders als das stets ungekränkte Geld — gesellschaftlichen Entwicklungen. Gralshüter dieser anderen Werte wurde die Bürokratie, die durch ihre allesumfassende Verwaltung und die beständig veränderbaren Bestimmungen unfehlbar ist. (Für jeden Staat ist Unfehlbarkeit lediglich eine Frage präventiv veränderbarer Gesetze.) Aber die Unfehlbarkeit wacht über ungesicherte, sich wandelnde Werte, wodurch die Lebensdauer der unfehlbaren Urteile stark eingeschränkt ist.

Aber nicht allein der Wechsel der Werte und die verschieden möglichen Interpretationen des Kunstwerks im Verhältnis zu den staatlichen und gesellschaftlichen Normen erschweren die Reproduktion. Es fehlt nicht allein die Eindeutigkeit, erschwerend vor allem ist die nichtmaterielle Existenz der Werte. Der „Tartuffe" ist ein Stück über die Schwierigkeiten einer Gesellschaft, in der das Geld nicht den einzigen und vornehmsten Wert darstellt. „Timon von Athen" dagegen spricht von der Einsetzung des Geldes und der Vernichtung aller anderen Werte. War zuvor der verarmte Edelmann noch immer ein Edelmann, so ist er nun nur noch verarmt. Die Heuchelei war ein Problem des Feudalismus und wird es für jede Gesellschaft, die andere (ideelle) Werte als das Geld setzt. Dem Kapitalismus ist die Heuchelei fremd: Geld ist die einzige Tugend, die man nicht heucheln kann.

Diese Schwierigkeiten begünstigen das Anwachsen der Bürokratie im Sozialismus und fördern die fortgesetzte Delegierung von Entscheidungen. Wo jedes Urteil sowohl unfehlbar als auch in kürzester Zeit hinfällig ist, wird das zwischen den Schreibtischen wandernde Papier, der unerledigte Vorgang zur Staatsräson. Produktion wie technische Reproduktion werden — was immer sie sonst sind — somit zu fortgesetzten Angriffen auf die Bürokratie, da sie unaufhörlich Entscheidungen herausfordern, die hinauszuzögern das Lebenselixier der Bürokratie ist. Eben dadurch wird das Kunstwerk, unabhängig von seinem Inhalt und seiner künstlerischen Tendenz, politisiert und wirkt selbst politisch. Was die Bürokratie zu verhindern sucht, sie erschafft es.

Die technische Reproduktion des Kunstwerks ließ die Bedeutung des Marktes und der staatlichen Bürokratie in dem Maß anwachsen, wie das Kunstwerk massenhaft reproduziert werden konnte. Aber wo der Markt jeden Wert zum Marktwert umfunktionieren kann, steckt die Bürokratie in dem unerwünschten Dilemma, alles zu politisieren.

Da der Markt allgegenwärtig ist, kann nichts wirklich werden ohne einen alles prägenden Marktwert zu bekommen. Jeder politische Wert hat einen in Geld ausdrückbaren oder überhaupt keinen und damit auch keinen politischen mehr.

Dagegen erhält alles, was die Bürokratie berührt — auch wenn der Eingriff nur in der Absicht erfolgt, das Werk zu entwerten, wertlos zu machen — politischen Wert. Nur was sie nicht wertet, bleibt wertlos. Aber diese Art von Makulierung zu nutzen, ist ihr bei Strafe des eigenen Untergangs verwehrt: wo sie nicht eingreift, hört sie auf zu existieren.

Das Zeitalter der technischen Reproduktion machte das Kunstwerk zum Medium des Marktes oder der Bürokratie. Die Qualität dieser Medien liegt nicht in der Quantität erreichbarer Konsumenten, denn die größere Öffentlichkeit wird mit den größeren Einschränkungen erkauft. Ihre Qualität liegt in der Radikalisierung der Mechanismen des Marktes und der Bürokratie, denen sie jeden verschämten Schein nahmen. Das massenhafte Erscheinen des Kunstwerkes durch die Möglichkeiten seiner technischen Reproduktion ließ von der Freiheit des Marktes allein den Markt übrig und vom kunstsinnigen Mäzen den Zensor.

Ich teile dennoch Benjamins Hoffnungen. Es sind Hoffnungen trotzend der Erfahrung, Hoffnungen trotz der Geschichte auf die Geschichte. Weil es Hoffnungen sind, zu denen es keine menschliche Alternative gibt.

Als junger Mann erwarb Benjamin auf einer Münchener Paul-Klee-Ausstellung ein Blatt des Malers. Benjamin beschrieb das Blatt zwanzig Jahre später mit den folgenden Worten:

193

„Es gibt ein Bild von Klee, das Angelus Novus heißt. Ein Engel ist darauf dargestellt, der aussieht, als wäre er im Begriff, sich von etwas zu entfernen, worauf er starrt. Seine Augen sind aufgerissen, sein Mund steht offen und seine Flügel sind ausgespannt. Der Engel der Geschichte muß so aussehen. Er hat das Antlitz der Vergangenheit zugewendet. Wo eine Kette von Begebenheiten vor uns erscheint, da sieht er eine einzige Katastrophe, die unablässig Trümmer auf Trümmer häuft und sie ihm vor die Füße schleudert. Er möchte wohl verweilen, die Toten wecken und das Zerschlagene zusammenfügen. Aber ein Sturm weht vom Paradiese her, der sich in seinen Flügeln verfangen hat und so stark ist, daß der Engel sie nicht mehr schließen kann. Dieser Sturm treibt ihn unaufhaltsam in die Zukunft, der er den Rücken kehrt, während der Trümmerhaufen vor ihm zum Himmel wächst. Das, was wir den Fortschritt nennen, ist dieser Sturm."

Quellenverzeichnis

Lorbeerwald und Kartoffelacker. Vorlesung über einen Satz Heinrich Heines. — Gastvorlesung an der Friedrich-Schiller-Universität Jena, gehalten vor Studenten der Germanistik am 9. 12. 1981.

Anmerkung zu LASSALLE FRAGT HERRN HERBERT NACH SONJA. DIE SZENE EIN SALON — In: Programmheft zur Uraufführung des gleichnamigen Stückes am Düsseldorfer Schauspielhaus, 1980.

Öffentlich arbeiten — Diskussionsbeitrag, gehalten auf einer Tagung des Schriftstellerverbandes der DDR, Bezirksverband Berlin, am 3. 6. 1982.

Sprache und Rhythmus — In: Programmheft zur Aufführung von DIE WAHRE GESCHICHTE DES AH Q am Düsseldorfer Schauspielhaus, 1985.

Worüber man nicht reden kann, davon kann die Kunst ein Lied singen. Zu einem Satz von Anna Seghers — Vorlesung im De Balie Amsterdam, gehalten am 28. 10. 1985.

Über Friedrich Dieckmann — Laudatio, gehalten anläßlich der Verleihung des Heinrich-Mann-Preises der

Akademie der Künste der DDR im Jahre 1983 an Friedrich Dieckmann. In: Neue Deutsche Literatur, Berlin, Heft 7/1983.

Zwei Sätze zu Thomas Mann — Beitrag, gehalten auf einer Veranstaltung „Aufbau-Autoren lesen Aufbau-Autoren" anläßlich des Jubiläums „40 Jahre Aufbau-Verlag" im Theater im Palast, Berlin, am 24. 9. 1985.

Waldbruder Lenz — In: Connaissance de la RDA, Paris, Heft 13/1981.

Ein Interview — Christoph Hein antwortet auf Fragen von Theater der Zeit, Berlin, Heft 7/1978.

Besson oder Der Mangel an Geschmack — Besson ou le manque de gout. In: Cahiers theatre Louvain, Leuven, Heft 35—36/1978.

Anmerkungen zu Cromwell — In: Programmheft zur Uraufführung von Cromwell am Theater der Stadt Cottbus, 1980.

Gespräch mit Christoph Hein — In: Wissenschaftliche Beiträge der Friedrich-Schiller-Universität Jena. Beiträge zur Literaturgeschichte und -methodologie, Jena, 1982.

Brief an M. F., Regisseur der westdeutschen Erstaufführung von Schlötel oder Was solls — In: Programmheft zur genannten Aufführung am Staatstheater Kassel, 1986.

Linker Kolonialismus oder Der Wille zum Feuilleton — erschienen unter dem Titel „Massa Sloterdijk und der linke Kolonialismus". In: LITERATUR KONKRET, Hamburg, 1983.

Die Intelligenz hat angefangen zu verwalten und aufgehört zu arbeiten. Ein Gespräch — In: DEUTSCHE VOLKSZEITUNG – DIE TAT, Frankfurt a. M., Nr. 10/1984.

Maelzel's Chess Player Goes To Hollywood. Das Verschwinden des künstlerischen Produzenten im Zeitalter der technischen Reproduzierbarkeit — Brief an Phillip McKnight, Lexington, Kentucky, U. S. A., März 1986; überarbeitet; unveröffentlicht.

Inhalt

2. Auflage 1988

© Aufbau-Verlag Berlin und Weimar 1987

Einbandgestaltung Margot Prust

Typographie Peter Friederici

Lichtsatz Karl-Marx-Werk, Graphischer Großbetrieb, Pößneck V 15/30

Druck und Binden Offizin Andersen Nexö, Graphischer Großbetrieb,
Leipzig III/18/38

Printed in the German Democratic Republic

Lizenznummer 301. 120/334/88

Bestellnummer 613 573 6

00700

ISBN 3-351-00369-2